财政学
名著
丛书

征税的权力
财政制度的分析基础

The Power to Tax
Analytical Foundations of a Fiscal Constitution

〔澳〕杰佛瑞·布伦南
〔美〕詹姆斯·M.布坎南 著

武黄岗 译

商务印书馆
The Commercial Press

This is a Simplified-Chinese translation of the following title published by
Cambridge University Press:
**The Power to Tax: Analytical Foundations of Fiscal Constitution,
9780521027922**
© Cambridge University Press,1980
This Simplified-Chinese translation for the People's Republic of
China (excluding Hong Kong, Macau and Taiwan) is published by
arrangement with the Press Syndicate of the University of Cambridge,
Cambridge, United Kingdom.

© The Commercial Press,Ltd. ,2022
This Simplified-Chinese translation is authorized for sale in the
People's Republic of China (excluding Hong Kong,Macau and Taiwan)
only. Unauthorised export of this Simplified-Chinese translation, is a
violation of the Copyright Act. No part of this publication may be
reproduced or distributed by any means,or stored in a database or
retrieval system, without the prior written permission of Cambridge
University Press and The Commercial Press,Ltd.

专家委员会

杨志勇

范建鏋　范子英　贾俊雪

吕冰洋　李　明　刘　晔

毛　捷　邢　丽　石绍宾

一切有权力的人都容易滥用权力,这是万古不易的一条经验。有权力的人往往使用权力一直到有界限的地方才休止。

　　　　　　　　　　　——孟德斯鸠,《论法的精神》

　　征税的权力事关毁灭的权力。

　　　　　　　　——首席大法官约翰·马歇尔,《马卡洛诉马里兰州案》

目　　录

前言 …………………………………………………………………… 1
第一章　宪法视角下的税收 ………………………………………… 5
　　1.1　"宪法"的概念 ……………………………………………… 7
　　1.2　宪法的逻辑 ………………………………………………… 8
　　1.3　宪法约束的手段 …………………………………………… 9
　　1.4　维克塞尔理想与多数主义现实 ………………………… 10
　　1.5　征税权 ……………………………………………………… 12
　　1.6　宪法契约的强制性 ……………………………………… 14
　　1.7　标准含义 …………………………………………………… 15
第二章　自然政府：一种利维坦模型 ……………………………… 18
　　2.1　利维坦模型的现实性与可能性 ………………………… 20
　　2.2　政府垄断行为与公民选择 ……………………………… 22
　　2.3　利维坦模型：税收最大化 ……………………………… 32
　　2.4　庞大的利维坦模型 ……………………………………… 35
　　2.5　宪法标准 …………………………………………………… 37
第三章　限制税基与税率结构 ……………………………………… 41
　　3.1　政府作为税收最大化者，受宪法税收约束 ………… 44
　　3.2　简单模型中的税基与税率约束 ………………………… 46

3.3 众多之一 52
3.4 税收限制与税收改革 56
附录：多人情况下的累进税制 58

第四章 商品税 65
4.1 传统观点 66
4.2 税收选择 68
4.3 商品税的其他形式：税基的选择 69
4.4 商品税的一致性 76
4.5 个人税率的一致性 79
4.6 利用税率结构差别对待 80
4.7 结论 91
附录 92

第五章 时间维度下的征税：所得税、资本税和公共债务 96
5.1 传统公共财政学说中的所得税、资本税和公共债务 98
5.2 公布税率的时机 100
5.3 永久性利维坦下的所得税与资本税 107
5.4 利维坦政府的时间偏好 113
5.5 纳税人-公民在公共开支方面的时间偏好 ... 117
5.6 借贷权 118
5.7 结论 122

第六章 货币创造与征税 124
6.1 创造货币的权力 126
6.2 通货膨胀和货币余额税：以"土地"作类比 ... 128

目　　录

- 6.3　通货膨胀和货币余额税 …………………………… 133
- 6.4　利维坦政府下的通货膨胀预期 ……………………… 138
- 6.5　通货膨胀、资本税和货币的耐用性 ………………… 142
- 6.6　通货膨胀作为一种税收的传统讨论 ………………… 143
- 6.7　货币宪法 ……………………………………………… 146
- 6.8　通货膨胀和所得税收入 ……………………………… 148
- 6.9　货币规则和税收规则 ………………………………… 150

第七章　公共收入分配 …………………………………… 153
- 7.1　模型 …………………………………………………… 154
- 7.2　纯盈余最大化下的公共产品供应：几何分析法 …… 156
- 7.3　盈余最大化：代数分析法 …………………………… 162
- 7.4　非盈余最大化者 ……………………………………… 167
- 7.5　制定税收政策 ………………………………………… 169

第八章　政治领域 ………………………………………… 173
- 8.1　政治决策的程序限制 ………………………………… 174
- 8.2　法治：一般规则 ……………………………………… 176
- 8.3　公共开支领域 ………………………………………… 182
- 8.4　政府强制 ……………………………………………… 185

第九章　开放经济、联邦制和征税权 …………………… 189
- 9.1　利维坦政府在有贸易无移民的开放经济中的税收宪法 …………………………………………… 190
- 9.2　有贸易和移民的开放经济中的税收规则 …………… 193
- 9.3　联邦制是财政制度的一部分 ………………………… 195
- 9.4　另一种政府拨款理论 ………………………………… 203

9.5 联邦国家的税收制度 …………………………… 205
9.6 结论 …………………………………………… 206
第十章 真正的税收改革：前景与举措 ……………………… 209
10.1 宪法视角下的税收 …………………………… 212
10.2 税收改革作为税收限制 ……………………… 215
10.3 税率限制：第13号提案的逻辑 ……………… 219
10.4 税基限制 ……………………………………… 222
10.5 总税收和总开支限制 ………………………… 224
10.6 程序限制：合格的多数和预算平衡 ………… 225
10.7 迈向真正的税收改革 ………………………… 227

后记 ………………………………………………………… 229
注释 ………………………………………………………… 231
索引 ………………………………………………………… 248

前　言

加利福尼亚第 13 号提案的成功通过是 1978 年的重大新闻事件之一，许多评论家将此解释为实现真正"抗税"的关键一步。谋求或为了保住权力的政客很快就接受了这种解释。20 世纪 70 年代末的政治言论也暗示着政府爆炸式发展的时代快要结束了。

我们在撰写本书时，还不停地讨论着这些事件。有时候，我们感觉我们好像被政治发展形势抛弃了，除了学术活动外我们无能为力，这并非我们的初衷。我们可以邀功，因为很早就已经确定了我们的立场，可以说是在 1978 年这次提案事件发生前，我们就在着手从宪法上分析税收限制了。积极点讲，我们认为这本书代表了首次对税收限制进行严谨的经济学分析，可见，经济学家忽略了这一课题。

然而，让人一直记挂的是，这本书本可以提前两年完成。让人感到振奋的是，相对于内容先于话题，出版时机更容易让大众接受一本书。这也打消了我们的顾虑。如果这本书在 20 世纪六七十年代出版的话，有可能因新闻界的施压而最终难产。在八十年代就不会遭此厄运了。

虽然涉猎过伦理学、法律、政治与哲学等领域，但我们都是公共财政经济学家。这本书标志着我们重回公共财政领域，可也走了不少弯路。无论是实证分析,还是标准研究,本书都不受传统财政经济学的束缚。我们最初写书,是因为我们对经济学家讨论税收和税收改革问题越来越不抱希望。就解释内容和标准潜力而言,这种讨论对我们来说越来越无关联。在这一方面,1978年的提案事件坚定了我们的初衷。传统分析无法让我们理解所观察到的财政过程,也无法以此为基础去完善纳税人认可的理由。

我们分析中的标准规范是,以潜在纳税人-受益人的计算为基础,假设他们能够通过宪法选择,预期有利于自身利益的税收安排来控制政府的征税权。这种方法与我们更为熟知的税收目标形成了鲜明的对比,例如在不考虑政治实施的情况下提高"社会福利""社会效用"或"公共利益"。从宪法视角出发,假设纳税人在不同的预算期不能认清自己是纳税人,还是公共开支的受益人的地位。从宪法上选择的税收结构有可能,且通常完全不同于周期内的税收分配。这种税收分配,从概念上讲,源自维克塞尔的某种理想财政交换理念。

至少对那些了解现代公共选择理论研究的人来说,这种方法论分析的情况不陌生。有关宪法视角下的制度选择,已有学者在多部著作中详细讨论过。一般而言,1970年代的学者是通过约翰·罗尔斯的著作来了解。本书的观点与先前所有分析的区别之处在于后宪法序列中政治过程的预期运作方式。我们分析了政治过程的特性,基于的假设是公民在最初的宪法决策阶段选择了主要的财政安排,但是除此之外公民几乎无法控制政府的财政结果。更引人注目,也更具争议性的是,我们将政府建模为税收最大化的利维坦(传说中的海怪——编注)。我们认为,在预算不可控的时代,我们的政治模型在两方面都具有一定的合理性。更重要的是,我们的政治模型很适合理性讨论宪法替代方法。当前对宪法税收限制的讨论表明,公众普遍认同我们的政治模型中的一些主要观点。甚至对于那些完全拒绝我们的政治模型的人来说,我们制定的宪法标准也有可能被接受,它们体现了一种极大极小策略,旨在防止可能出现的最坏结果。

本书第一章讨论基本的宪法观。第二章设计政治过程运行的模型,用于后文分析。第三章研究潜在纳税人在面临其他税率和税基限制时的选择计算。第四章将这种分析拓展到商品税领域。第五章将这种分析方法跨时、具体地引入资本税和公共债务领域。第六章分析货币创造权对税收收入的影响,包括(但不完全)利用通货膨胀进行征税的权力。第七章将重点转向激励结构的改进,确保税收收入用于纳税人所看重的商品与服务领域。第八章讨论整个政治领域,具体涉及对政府行为的财政约束与非财政约束。第九章分析联邦主义结构秩序作为一种约束手段,从宪法上约束政府的财政权。第十章尝试将我们的分析与当前宪法税收限制的建议联系起来,提出进行真正财政改革的必要举措。

我们真诚地感谢弗吉尼亚理工学院公共选择研究中心的同事们,尤其是罗伯特·托利森教授,为我们营造了良好的学术氛围来培育新思想,而不是一开始就在技术性细节或方法局限上扼杀新思想。我们也要感谢国家自然科学基金会和欧林基金会的资助,让我们有时间去创立我们的观点,不受某些学术压力的影响。

我们要特别感谢纽卡斯尔大学的查尔斯·罗利教授,他 1979 年在公共选择研究中心访学期间认真逐章审读了手稿,提出了宝贵的批评意见。由塞西尔·博安侬和理查德·卡特与戴维·内勒组成的研究团队也为本书付出了心血,他们不仅提供了编辑、文体与参考文献方面的帮助,也提供了有益的分析和批评。乔治·乌希姆楚克在终稿修改的过程中鼎力相助。唐娜·特雷诺高效地完成了多版草稿的打字工作。当然,也离不开贝蒂·蒂尔曼·罗斯夫人的协助。

杰佛瑞·布伦南

詹姆斯·布坎南

于弗吉尼亚州黑堡

第一章　宪法视角下的税收

> 政府企图征收重税,民众渴望缴纳的税与良好政府所需的必要开支一样少。
>
> ——约翰·斯图亚特·穆勒,《代议制政府》

本书讨论的是政府的征税权,政府会如何行使征税权,以及可以或应该如何限制政府的征税权。这些是我们要解决的问题,公共财政经济学家全然忽视了。他们关注的是告诉政府应该如何征税,如何行使征税权。他们对税收归宿做了实证分析,对税收原则进行了标准推导,旨在向政府决策者建言献策。

我们既不直接,也不间接向政府决策者提供这样的建议。我们关注的不是告诉政府想要有效征税该怎么做,也不是告诉政府该如何使用公款。我们的分析必然更具实证性。我们引入了政府如何作为或者预期政府如何作为的模型(不管公共财政经济学家会提出怎样的建议)。我们最终关注的对象是纳税人或公民,他们承受着税收负担,是政府行使财政剥削权力的潜在对象。

本书的立场体现了关于政治秩序的一些预设,这在传统分析中并非必要。对传统分析而言,为了向政府建言献策,最低要求是存在政府。相反,我们的研究前提是基于以下观点:政府从被统治者的最终认同中获得权力；政府是公开人为组建的，或者可以被视作是这么组建的。我们的分析模型中隐含着一种观点，即政府作为强制的权威代理人会在其活动范围上受到限制，也就是说，宪法可以限制政体的行为。

由此来看，出现的宪法政策问题并不存在于传统方法中。应该对政体施以何种限制呢？这并不是在问当前的政体在这种或那种情况下应该做什么，不应该做什么。

由于公民-纳税人不知晓自己未来的地位，我们预期他们会选择哪种税制成为宪法的基本条款呢？

这是本书要解决的关键问题。第一章旨在说明这一问题涉及的某些方面，以及这一问题为何有趣的原因。如前所述，这个问题本身就是一个纯粹的实证性问题。我们不会问"什么是良好的税收体系"这一问题。我们不会规定一些外界决定或神启的标准，来评估其他税收体系。尽管这些传统问题与我们的部分讨论相关，但我们也不会去证明其他税收对收入分配或资源分配效率的影响。

从逻辑上讲，我们讨论的焦点先于所有这些问题。我们关注的是探究税收性质的根源，严格意义上讲，是从根本上思考征税权涉及什么，政府拥有征税权意味着什么。

事实证明，从逻辑上质问这些先前的问题说明了，传统经济学对征税的大多数分析要么无关紧要，要么误导他人。提出这一基本问题可以改变许多熟知的公共财政学说。然而，我们的主要目的，不是要证明当前税收拥护者向政府提供的许多政策建议是错误的，即使是出于其自身的理由。相反，我们要提供一种对税收性质和过程不同的理解，即可以观察财政现象的一个不同视角。一旦确立不同的视角，我们就可以进行有益的财政改革分析和讨论。

1.1 "宪法"的概念

我们希望提出的特定税收视角的特征之一是其"宪法性"。在我们的整个讨论中,宪法被理解为一套规则或社会制度,人们在这套规则或社会制度中行事和交流。或许可以将其比作比赛规则。比赛由比赛规则来描述,比赛规则就是比赛的宪法。这些规则确定了比赛框架,明确了哪些行为是合规的,说明了比赛的目标,以及如何确定获胜者。选手在比赛过程中显然会做出其他策略选择,这完全不同于他先前选择的策略。网球选手在击完球后希望球网的高度降低,但是在赛前他同意了规定球网高度的规则。

比赛中选择其他策略与选择比赛可依据的其他规则,也就是说"周期内"选择与"宪法"选择有着重要的区别。在宪法选择中,个人必须根据对整个"比赛"序列(可能不确定)中其他规则运行特性的某种预测做出选择。这种范围比后宪法选择中的范围广泛。时间范围内的这种延伸确保了,在所有现实世界中,每个选择者对自己的个人前景或地位更加不确定。效用最大化计算不同于在预定规则内简单选择策略所需的计算。

在宪法选择的限定或理想模型中,个人不清楚自己在任何一种模型中的地位时,必须了解在所有规则下多回合比赛中的地位模式或分布。这就是约翰·罗尔斯在推导满足公平标准原则时为人熟知的选择背景。[1] 宪法选择是人们在"无知之幕"背后做出的,因为这没有具体的认定。为此,描述理想化情况是一种非常有效的分析基准,而不是一种预期会盛行的模型。认识到宪法与后宪法的区别后,理想化选择情况下的某些要素就会进入行为计算。一旦我们承认规则内的策略选择不同于规则选择,部分"无知之幕"必然会影响对其他规则的评估。

4 　　我们在这里感兴趣的是,"政治"或社会意义上的宪法概念是一套规则,确立了人们整个互动范围的情况。我们为何需要这样的宪法?在哪里可以找到这种宪法的逻辑?

1.2　宪法的逻辑

　　这里不打算追溯我们俩在其他地方广泛讨论的领域。[2]然而,由于采用了一定数量的这种方法,因此有必要说明构建宪法逻辑的核心概念。

　　这一出发点是霍布斯的观点,即在缺乏集体行使基本财产权(包括生命权)和这些财产权交换规则的情况下,自然状态下人的生活必然是"污秽、野蛮而又短暂的"。对于霍布斯而言,无政府主义混乱背后唯一合乎逻辑的办法就是将权力赋予政府或其他权威机构。由此可见,建立秩序,摆脱无政府状态的本质特征是对行使强制性权力的垄断。无政府状态可以看作是在行使强制性权力时拥有完全自由的情况,秩序可以看作是垄断强制性权力的情况。

　　这种具有"弗吉尼亚学派"特色的观点将霍布斯的观点与社会契约观念糅合在了一起。如果全体公民倾向于从无政府状态进入有秩序状态,那么必须分析一下政府的建立,政府好像是由接受它的人自愿同意所形成的。一旦我们接受这种"自由交换"的政府观点,可以合理质问全体公民,他们认同的政府本质是什么。尤其是,公民会自愿同意允许政府无条件行使权力吗?还是会对政府行为加以约束,限制政府原本应该采取措施的能力?

当然,只要可以预测政府在任何时期都会完美"行事"(无论什么事[3]),就不存在强加宪法约束的概念或逻辑基础。这种限制只会阻止政府采取"合理的"措施。因此,宪法视角与仁慈专制模型是完全对立的。仁慈专制模型以各种形式构成了对公共政策,尤其是传统税收理论的传统分析基础。宪法约束的逻辑体现在隐含的预测中,即在某些范围和情况下,赋予政府的权力是以不同于预期行使该权力的方式来行使,这是由无知之幕背后的公民决定的。正如整个现代公共选择理论所强调的那样,充当代理人角色的人,作为"统治者",与公民并无本质区别,而且方法论的一致性也说明了同样的行为动机应归因于做出公共选择和个人选择的人。当然,我们不需要排除政府决策者"道德"(更准确地说是利他主义的)行为的可能性。我们的方法确实排除了此类行为是标准分析的基础这一假设。主张根据代理人慈善假设分析政府的人是在否认限制政府的合法性,包括选举限制。在这种情况下,宪法缺乏逻辑基础。

1.3 宪法约束的手段

一旦承认必须限制政府的权力,自然就会出现各种可行限制(或宪法规则)的问题。公民希望通过何种方式限制公共权力的行使,以确保结果在可承受的范围内呢?

很大程度上,现代经济学家已经默认了20世纪的普遍假设

（或信念?），即名义上民主的选举程序足以保证政府活动在可接受的限制范围内。[4]因此，经济学中的宪法分析聚焦于其他选举程序之间的选择，这是公民宪法计算的主要要素。为此，一开始就需要强调非选举规则是可以想象的，它们实际上在大多数公认的现行宪法中发挥着重要作用。从表面上看，非选举规则在控制政府方面不如它们作为纯粹的选举限制重要。例如，大多数宪法都涉及对公共活动领域的限制：制定规则，明确政府可以做和不可以做的事情。这些规则的一方面是限制合法公务员挪用公共资金。政客（甚至是当选者）很有可能攫取税收，因此，应该设计许多会计程序和大多数民主宪法所规定的明确行为规则。此外，就政府提供服务的性质和颁布的法律而言，通常要对政府的合法活动加以限制。在某些情况下，向特定部门赋予特定职能来限制政府，就像分散联邦政治体系中的政治权力的情况一样。总之，我们发现，这种非选举规则与选举规则并存，似乎没有特别的理由将选举规则提升到主要地位。

在后面的章节中，我们会关注某种专门针对征税权的非选举规则。然而，我们要注意，如果实行选举程序，那么选举程序要足以将政府限制在公民可接受的范围内。在这种情况下，所有的公共决策都建立在意见一致的前提下。将这种概念与实际的选举程序进行对比，可以揭示出非选举限制，尤其是财政限制的重要作用。

1.4 维克塞尔理想与多数主义现实

向公民保证政府永远不会伤害他，同时以相同的方式向全体公民保证的一项必要条件是,要求所有的政府决策都依据全体一致原则做出。克努特·维克塞尔最先认识到全体一致原则作为理想基准的重要性,因为必须确保对所有人而言所有的政府活动都代表真正的"进步"(至少是没有伤害),这是由个人的偏好来衡量的。[5] 只有通过共识才能揭示公民的偏好。没有其他方法可以"汇集"个人的评估。没有其他手段可以确保集体行动在福利经济学家对该术语的使用中是"有效的"。

必须注意的是,在这种理想化的政治秩序中,政府并不拥有真正的强制权。需要分开考虑每项公共活动,以及具体的成本分摊安排。只有达成共识时,行动才能继续进行。被称为"政府"的实体,或选民中其他人形成的联盟都无法强制任何人。公开批准的每项活动必然代表整个多边交易的结果,各方都可以从中获得净收益。维克塞尔的方法被称为大众经济学中的自愿交易理论。

然而,维克塞尔的世界与我们所处的、所观察到的世界相距甚远。在我们所处的世界中,交易成本和搭便车问题非常普遍。正如维克塞尔在早期著作中所强调的那样[6],公共活动达成共识的成本如此之高,以至于理性的公民在对一系列投票规则做出宪法选择时,预期会为了政治过程的可操作性而权衡全体一致规则的某种狭义的周期内"效率"。简单的多数主义程序是否会成为这种权衡的自然结果,似乎令人怀疑。但这是实践中普遍观察到的决策规则,许多现代的公共选择都采用多数裁定规则。公共选择研究文献中或许没有充分强调,从全体一致原则向多数裁定原则的转向大大削弱了纯粹选举限制的影响力。的确有人建议,最好为普遍观察到的多数裁定原则建模,它似乎根本没有体现对行使政府权力的有效限制。我们在第二章中支持这种模型,尤其是适用于宪法税收问题。在多数主义世界中,行使政治权力的确具有强制力。正如决定性的多数人否决少数人的愿望一样,一些公民可以强制其他公民。除此之外,组成"政府"机构的人拥有强制全体公民的权力。

因此,这部分讨论的结论就是一种简单、普通的假设,即在有关情况下,政府(或更准确地说是参与政府过程的个人)的确拥有强制的权力,政府会行使真正的自主权。在实证上和分析上都必须假设,无论政府的目的是什么,它在一定范围内都会为了自己的目的而行使这种权力。

在这种宪法背景下,我们要如何理解税收问题?征税权会牵涉到什么?通过何种方式可以限制征税权?更笼统地说,为了再次提出我们的主要问题,我们期望理性的纳税人-公民在确定其要遵从的宪法时会选择何种税收制度?

1.5 征税权

对普通公民而言,征税权是政府强制权最为熟悉的体现。这种征税权涉及对个体和私人机构强制收费的权力。只有向政府转移经济资源或针对这些资源的金融债权,才能实现收费。根据征税权的定义,收费带有有效的强制权。诚然,政府会利用税收为公民-纳税人所需的公共商品或转移融资。但是我们必须明确区分政府拥有征税权的合理化与对这种征税权本身的理解。征税权本质上并不带有以任何特定方式使用税收的义务,在逻辑上并不表明开支的性质。

这样看来,"征税"的权力就只是"征用"的权力。如果政府想要获得某项特定财产,那么是直接挪用,还是购买的同时向原始所有者征收相当于全部购买价格的税收,这并不重要。在政府行动之后,无论采用何种具体的挪用手段,政府和所有者的立场都是相同的。如果要维持征用和征税之间的区别,那么税收替代方案必然包括直接挪用所缺少的额外要求。例如,如果征税权受到普遍性一致性要求的限制,即在相似情况下(例如具有相同的总净财富)所有人应缴纳相同的税,那么税收替代方案就无法这么做,虽然直接挪用会逃过选举审查。在这种情况下,普遍性要求可以确保(或者更准确地说增加可能性)选举程序在可容忍的限制范围内运行;财政约束补充了选举限制。

在本书分析的其他例子中,财政约束实际上可以替代选举限制,因为选举限制无效的时候,财政约束会发挥有效作用。然而,在所有情况下,财政规则的作用都是限制和适当地监督政府的强制权,这在政府的征税权中尤为明显。

从历史上看,政府已经拥有真正的征税权,虽然公民代表似乎意识到了这种权力的普遍意义。已经可以通过限制税收当局来控制君主。英国议会可以限制君主的收入,这种优势是我们政治遗产的一部分。即使在 20 世纪后期集体统治的时代,在大多数国家,仍然存在名义上的法律限制,来约束政府的征税活动。

所有宪法规则都可以解释为对潜在权力的限制。这就排除了本书对非财政宪法约束的思考。我们必须将讨论限定在可控范围内。同样,尽管征税权力很重要,但它不是政府强制权的唯一方面。正如我们所强调的那样,我们这里的重点是征税权和对征税权的限制,排除了对非财政宪法规则的思考,例如通过定义特许权、投票规则、立法与司法权等施加的非财政宪法规则。但是,我们不排除财政约束与其他约束存在相互依存的可能性。关于其他有效约束的假设,各章有所侧重。在相关方面,我们会阐明这些假设是什么,但是我们不会去证实这些假设的合理性,因为它们从根本上仅仅起到分析作用。有一种重要的假设是整个宪法结构的基础,即强制性假设。

1.6 宪法契约的强制性

我们的整个讨论主要取决于一种假设,即宪法选择很重要。政府的行为以及个人和非政府的行为可以受到根据宪法审议所制定的规则的约束。如果没有这样的假设,那么标准论证必须针对的是当前拥有政治权力,且权力行使完全不受约束的人。在这种非宪法政治过程模型中,不存在正式保护或法律保护,来阻止政府的财政剥削或其他专制行为。改革派必须向强权者"鼓吹",但对温和派而言这种希望只取决于强权者已经逐渐认可并遵照的道德伦理戒律,正如古往今来的"传道者"向强权者传授的那样。在这种模型中,"有限政府"在术语上是矛盾的。通过政府对强制的垄断,政府自然是无限的。

托马斯·霍布斯认为,无限政府是无政府主义混乱的唯一选择。霍布斯认为,所有人都愿意臣服于君主不受约束的意志,以换取君主承诺保证的人身安全。这确实与君主的个人利益相符。相比于霍布斯丛林,所有人更倾向于霍布斯专制。在霍布斯丛林中,每个人的生活都是贫穷的、肮脏的、残忍的和短命的。

我们拒绝霍布斯主义的假设,即君主不能受到宪法约束的限制。历史上,政府似乎受到过宪法规则的约束。而确切原因,我们在这里无须关注。我们的整个模型是基于以下的观点:宪法可以奏效,施加于宪法内的税收规则会普遍盛行。

我们不否认会出现主要的宪法强制性问题,尤其在现行公共哲学中人们不太了解宪法选择的整体观点的情况下。但是,讨论强制性问题难以让我们专注于本书的主要目的。

1.7 标准含义

到目前为止,在初步的讨论中,我们已经从宪法视角指出了税收分析所涉及的一些内容,但是没有指出为什么我们认为宪法视角在实证上很重要,或者在标准上是可取的。

我们可以借助于标准替代方案的知识贫乏,从消极的意义上对我们的特定方法做出部分解释:传统的税收分析无法融入合理的政治制度框架,天真地运用了"等额税收比较",借助于外部专制的道德规范,忽视了预算的开支部分,等等。所有这些解释都有一定的合理性。作为标准税收理论基础的仁慈独裁者(道德观察家/哲学家国王)的政治过程模型,无论是西方国家还是其他地区的国家,在可观察的政府中都缺乏实证相关性。假设用其他方法征税,总税收水平保持不变。无论这种假设在分析上多么方便,它都是非常可疑的,非常有误导性。忽视公共开支收益和成本及其分配确实是标准分析的一大漏洞。

我们认为，我们有理由从宪法视角下分析税收问题。纳税人的宪法选择问题在概念上和实证上都有实质性的分析内容。我们的分析可以帮助大家理解纳税人的态度，这反映在20世纪70年代末的抗税中。或许更重要的是，纳税人的宪法选择计算是为税收改革制定标准的唯一合法依据。使用这种计算，能够让我们指出真正税收改革的方向，即在宪法决策阶段评估时对所有公民-纳税人都有益的税收结构变化。

标准分析专注于"周期内"的税收负担分配，这有效地否定了纳税人之间达成一致的可能性。每个纳税人都完全清楚自己的经济状况。税收改革"游戏"严格意义上讲是零和游戏。在这种情况下，唯一的可能性就是祈求外部标准说明什么是"公平"的税收体系，即每位纳税人"应该"面临什么样的税收负担。这些标准必须是外部的，因为道德或利他考虑即使得以缓和，不同纳税人对税收负担预期分配的判断也必定相互排斥。

然而，我们在面临宪法情况时，共识的范围似乎自然扩大了。每位纳税人对其未来观点的普遍无知，使其无法获得周期内的特殊利益。在这种宪法情况下，可以将普遍的抵消标准应用于最终的税收改革。可以制定具体的合理财政制度，因为大家认为这些制度是可行的。这些应用的标准判断源自宪法一致本身，而不是那些自认为接近上帝的人的道德观。

可以肯定的是，无知之幕并不完整，关于其他规则运作的解释和预测也不尽相同。只有对其他宪法规定进行充分讨论，妥协和复杂交易，才能达成共识。不能期望每个人或任何人都认为宪法达成一致非常完美——但就可取性而言，宪法达成一致就足够了。

可取性的最终检验当然只是达成一致。不能期望纯粹的假设性推理可以制定出一套相互有利的税收规则——只是一套预计相互有利的税收规则。因此，严格意义上讲，通过讨论所得出的标准结论是暂时的。我们所能做的就是提供一套税收规则，这是财政宪法规定的一项日程。这或许是一项不太大的工程！但是，我们认为这比提倡其他传统税收计划在道德上更优越，在实践中更重要。

第二章 自然政府:一种利维坦模型

> 立宪政府的基本原则是必须假设政治权力会被滥用以实现主权者的特定目的,这不是因为情况总是如此,而是因为这是事物发展的自然趋势。防范这种趋势,就需要特殊利用自由制度。
>
> ——詹姆斯·斯图亚特·穆勒,《詹姆斯·斯图亚特·穆勒文集》

本章旨在介绍,并在一定程度上证明我们所讨论的政府或政治过程模型的合理性,为推导税收宪法的分析提供基础。该模型体现了政府在其后宪法操作中的可预测行为。这种模型必然影响对宪法选择的思考。潜在的纳税人-选民-受益人,在宪法阶段对其他税收制度或安排的选择,必须取决于对政治过程在所选规则仍旧有效期间如何运作的预测。无论是潜在的纳税人-受益人从公认的、历史确定的视角考虑宪法规则中的变革,还是从最初的立场或至少是"无知之幕"背后重新选择一整套宪法安排,这种观点都是正确的。

我们首先应该强调,我们的整个分析都是运用"经济学"方法解决政府过程问题。这一术语用来区分政府和政治的基本概念与称之为"真值判断"或"科学"方法的基本概念。政治或政府过程被视为一种制度，人们和群体在其中互动以追求各自的目标，无论目标是什么，无论他们的角色或地位是决策者，还是被迫根据其他人的决策来调整行为。在这种概念中，就普遍理解的"科学"问题中所遇到的问题而言，政治-政府问题没有任何"解决方案"。如果把政治-政府制度解释为寻找该问题"最佳"解决方法的手段或机制，那么它们会被不当地效仿。

即使是对政治采用具有包容性的经济学方法，我们所描述并使用的模型在其基本假设上也是非常规的。首先，我们拒绝高效的仁慈专制，这种专制是在财政理论和其他方面，在传统标准政策框架中占主导地位的隐含政治模型。这种模型可以用萨缪尔森-柏格森类型的"社会福利函数"来阐述；可以用庇古或马斯格雷夫传统学说中的公共财政或税收专家的"公众家庭理论"来阐述；可以以丁伯根和汉森设定的政策形式来阐述，该理论关注分配问题和目标-手段差异；也可以用当今功利主义者以"最佳税收"为题所著的学说来阐述。

有人会认为这种传统标准方法演变出来的各种方法没有必要纳入一种政治过程模型，因为这些方法都是根据道德规范，以任何形式向政府建言献策。然而，这些方法都隐含着一种观点，即作为这种规范建议的受众，政客-官僚不仅有权力决定政府-政治结果，而且很可能认为这些道德观点具有说服力。

我们的政治过程模型不同于上述提及的各种财政学说，这一点并不奇怪。我们的模型要求我们抛弃完全受约束的政客-官僚形象，这种形象出现在这些方法的主要替代性方法中。该模型主要体现在早期公共政策专家的著作中，尤其是维克塞尔的传统学说。在这种公共选择模型中,假设多数主义民主社会中的中位选民能够驱动整个政治机器,从而产生普遍反映选民或至少是有关选民意愿的结果。相对而言,本文献中几乎没有重点讨论这种政治机制的有效性,实际上,是为了证明多数主义民主作为一种高效的集体决策手段的不充分性。这些早期的公共选择模型有很大的局限性,因为它们完全是由需求驱动的。政客与党派之间的政治竞争和定期选举被认为是将结果限制在可能性很小的范围内。在这些模型中,政府既不是专制的,也不是仁慈的。实际上,这样的"政府"根本不存在。

我们的方法更接近上文所述的仁慈专制模型,而不是公共选择模型。我们认为,"统治"意义上的政府的确存在,至少在推导税收宪法的模型中,这种政府被视为庞大的政府。我们的方法不同于传统方法,只是放弃了仁慈假设。谁会愿意为不仁慈的政府提供建议呢?政府从仁慈的形象变成冷漠,甚至是充满恶意的形象,这也直接导致我们将重点放在限制政府的问题上。

具体而言,我们假设,政治过程按照后宪法方式运作时并未受到选举竞争的有效约束;只有在伴有其他宪法约束与规则时,选举程序才能适当限制政府的自然倾向。本书的主要目标是,描述与公民-纳税人可能选择的征税权有关的其他非选举限制。

2.1 利维坦模型的现实性与可能性

这种模型是非常规的,尤其是在英语传统中,[1]在介绍基本的分析工具之前必须证明我们的基本观点。我们强调的是,要将理论解释描述现实与理论解释为宪法架构奠定基础区分开来。第一，从理论中可以得出可反驳的结论，这些结论经过检验会加深我们的正面理解。我们不想否认"政府作为垄断"模型的解释潜力。第二，理论只允许我们就可能发生的情况而不是预测会发生的情况得出结论。例如，假设特定地区每年发生洪灾的可能性为0.01，但是很难在实证上检验这种假设。然而，可以从这种预测假设中推导出理论，作为采取措施的规范基础，避免灾难性火灾的发生。

这里举一个经济学家更为熟悉的例子，尽管我们不得不承认这个例子更复杂。例如，"经济人"自私、残酷，一心追求个人利益的最大化。作为一种个体行为方式的心理学描述性假设，这种"经济人"模型不被接受。凡是根据所有人在任何情况下都以这种方式行事的假设进行预测的理论，必然不在日常的思考范围内。然而，很难否认，这种简单的"纯经济人"模型已经被证明具有强大的解释潜力。

更重要的是，即使这种"纯经济人"模型应该限于实证解释的运用，但该模型已证明，可以对其他社会秩序和安排方进行比较分析。正如丹尼斯·罗伯逊爵士所言，我们不必否认"爱情"的存在，去相信爱情的确很珍贵，也值得守护，要珍惜爱情。经济学家的任务就是要指出珍惜爱情的机制方式与手段。[2] 或者如果我们接受亚当·斯密的观点，我们会承认我们的屠夫和面包师有时（或许经常）是仁慈的，但是如果制度结构是如此有序，使其个人利益与我们的自身利益一致而不是相对立的话，我们当然会感到更加安全。

照此来说，古典和新古典经济学理论证明其"经济人"假说合理的方式也可以用来证明，看似愤世嫉俗或让人质疑的政治模型具有合理性，尤其是在评估比较制度的情况下。我们可以承认政府的垄断政府模型是有效的，不是因为该模型预测政府总是或经常运作的方式，而是因为政府结构中的内在趋势促使它朝着垄断模型中隐含的行为发展，这些趋势可能出现在完全缺乏约束的情况下。也就是说，自然政府就是垄断政府，因为"垄断"一词暗含了一切。

2.2 政府垄断行为与公民选择

在宪法层面上，该问题的本质是如何限制政府的自然倾向，使得最终的结果与潜在的纳税人-选民-受益人所期望的结果一致，因为他会从最初的宪法视角来审视自己在后宪法时期的作用。正如我们先前提到的那样，当前的公共选择理论和普遍的政治风气或公共哲学已经在重点关注投票规则和安排，这是限制政府行为的主要手段。我们的分析重点转向了实现这些目标的非选举手段。当然，我们的目标，不是否认选举程序在某些情况下会在一定范围内加以限制，而是否认专制政府在某些情况下会在一定范围内仁慈地行使其自主权。相反，我们要证明，选举程序足以约束追逐私利的政府这种假设不堪一击。我们可以通过一系列观察来证明这一点，因为它们似乎完全支持我们的观点。

这些观察可以分成三种基本类型。首先，就某些与资源使用有关的决定而言，即使这些选举程序产生的结果符合选举需求，选举程序也是不合适的。其次，许多纯粹的分析问题都是关于多数主义政治过程的，这让人们怀疑是否可以预测多数主义政治过程在所有或大多数情况下能够有效约束政府。最后，许多观察都是历史经验，即西方民主国家政府的发展以及全体选民试图限制政府的发展。这些观察表明，民主的选举程序实际上不可能受到限制。我们将依次分析这三种基本观察。

非选举决策过程的分析论证。我们这里的出发点是这样一种观察：可以想象，选举程序可以约束政府，这种约束比西方民主国家的情况更严格。可以通过全民公投，更加普遍地作出决策。正如詹姆斯·米勒[3]最近指出的那样，避免全民公投的理由也不完全是技术性的：计算机与电话投票技术似乎在政客和官僚自主决策的广泛议题上提供了廉价的全民投票（或大多数投票）方式。有人认为，不过于依赖政府的理由是，这么做不可取，实际上，整个"代议制"民主理论现在必须依赖这种观点。因此，这里值得研究的一些观点都涉及一个问题，即人们为何能够避免依赖多数主义政治过程，即使采取这种措施可以实现有效的约束。沿着这样的思路，我们提出三点。

1. 宪法领域。在宪法阐释的条款中，周期内活动的很多方面都不应该，也不能取决于周期内的政治过程。例如，宪法规定私有财产权和法律以防止干涉这些权利时，这些法律的阐释与执行必须独立于周期内的政治活动。否则，决定性的多数派会中止少数人的财产权，比如在民主党执政下，谋杀共和党人是合法的。一旦承认这一点，认识到执行这类法律要求某种数量的资源时，如此分配资源的程度，以及如何使用资源的问题必须在一定范围内不受多数派赞同的影响，必须不受周期内政治过程的影响。

这一点很重要，也具有深远意义。包括司法机构和警察部门在内的执法机构不能屈从多数派的简单意愿。必须用某种方式约束它们,必须阐明它们的权力,必须找到执行权力的手段。除了我们在后面各章中阐述的财政约束外,这里必须依赖"三权分立",上诉法院以及纯粹的内部道德约束。我们现阶段的观点是,不能依赖这样的选举限制。

2."宪法"偏好与"周期内"偏好之间的差异。理性人有宪法上的偏好,这种偏好在周期内会发生系统性变化。因此,理性人希望搁置一些即将出现的周期内选举结果,以支持其宪法判断。我们其中一人在其他地方详细探讨了两个有这种可能性的例子,[4]但是有必要介绍一种简单的情况。假设公民对待"穷人"很仁慈,无论是在宪法层面还是后宪法层面,都要求从税收中提供大量福利金。除了税收成本外,这些福利金就抑制效应而言会有净成本,这些成本在一定程度上等于由于全体公民的利他主义倾向所产生的净效用收益。在宪法选择阶段,达到某种最佳福利水平时,可以考虑未来整个时期的成本和收益。假设没有做出有关福利开支的宪法决策,而是由周期性政治来决策。与宪法决策的情况相比,这种情况下的福利或转移支付水平会更高。产生这种差异的原因是,应该考虑将福利转移给当前可直接观察到的受助人(例如上一周期的失业者),不对福利金受助人本身的抑制效应进行调整。显然,潜在的受助人是"穷人",转移不会让他们变得"贫穷"。在宪法层面,可以充分考虑转移计划对潜在的受助人产生的可能影响。可以从一开始就抽象地审视这种方案。[5]

此类情况的特点是,可以让个人做出周期性选择,产生所有人都不希望出现的情况。此外,这种结果并非源于搭便车的囚徒在社会互动中的困境，而是源于宪法视角与周期内视角的区别。这些情况类似于个人倾向于制定约束性"道德"规则，依此来约束其未来的行为。所有这些例子的特点是，个人当前偏好与未来偏好存在冲突，正如他在不同时期采取的行动所揭示的那样，这与特定时间点的选择有关。[6]

另外一个例子与再分配有关，无知之幕背后体现出来的罗尔斯式偏好可以"解释"这一点。如果个人了解了自己在社会中的地位，他可能（并且一般会）对再分配的态度截然不同于其在无知之幕背后所采取的态度。在这种情况下，对收入分配的宪法偏好体现在特定的财政规则中，这些财政规则产生的结果完全不同于不受约束的多数投票所产生的结果。一般而言，需要从宪法上制定转移政策：周期内选举程序不会产生宪法上所期望的结果，可以从宪法认知上预测这种失败。[7]

3. 理性的无知。正如唐斯[8]以及其他学者所言，有关政治提供的商品与服务的信息在技术上是一种"公共产品"。因为获取这种信息的边际成本很高，知情的选民无法充分获得这些利益，所以所有人都不了解[9]选举中涉及的问题和普遍的公共政策。这种情况有两种含义。第一，决策者意识到选民有这种无知的可能性时，更倾向于狭义上拥有有效政治权力的制度，而不是真正的多数裁定原则下的制度。决策者并不是要根据过于无知的选举偏好来约束政客的行为，而是决定赋予一小部分（具有代表性的）政客-官僚在一定范围内的自主权，依靠非选举限制确保行使这种权力能够符合选民的利益。[10]第二，全体选民与政客-官僚掌握信息的不对称会误导选民，产生权力差异。政客-官僚可以在一定范围内按照自己选择的方式行使这种权力。

多数裁定原则及其约束不充分性的理论分析。上述每一种观点都旨在说明，个人在宪法层面上明确选择约束政府的非选举手段，而非依赖选举程序，因为这些选举程序产生的结果与选举偏好相一致。但是，不能保证多数主义民主会以这种方式运行。即使在选举程序旨在约束政府权力行使的情况下，选举程序一定会这么做吗？多数主义政治过程实际上是如何运作的？多数主义政治过程可以约束拥有政府权力的人的行为吗？如果可以，能约束到什么程度呢？这里至少有两种情况值得讨论：一种是普遍建模多数裁定原则的方式，另一种是官僚主义在决定政治结果中的作用。

1. 多数裁定原则的运作。众所周知，除非偏好是单峰的，[11]或者必须同时公布政策，[12]否则多数裁定原则只会产生周期性"社会偏好"。换言之，至少有三种立场 A, B 和 C，存在大多数人倾向于选择 A 而非 B 的情况，大多数人倾向于 B 而非 C 的情况，以及大多数人倾向于 C 而非 A 的情况。公共选择理论实际上关注的是这种简单的多数循环。例如在最简单的唐斯两党模型中，党派Ⅰ必须先于党派Ⅱ公布其政策，并且公布的纲领具有约束力。[13]唐斯指出，党派Ⅱ总会打败党派Ⅰ。假设我们考虑在一个简单的三票制社会，并且没有效用相互依赖性，党派Ⅰ宣布向三位选民 a, b 和 c 分别支付 100 美元。这一纲领可以表示为支付向量 (100, 100, 100)，其中第一项表示支付给选民 a，第二项表示支付给选民 b，第三项表示支付给选民 c。党派Ⅱ之后公布支付向量为 (101, 101, m) 的政策，其中 m 小于 98（或者这些支付项的任意排列），因此赢得选举。这种情况让唐斯得出结论，认为党派间的竞争一般不会导致帕累托最优,除了出现偶然情况:党派总是可以最后公布其政策,组织少数派向多数派适当转移来确保胜选。

这种模型的主要特征是政客行为内在的不一致性。假设政客要最大化其预期收益,这取决于他们的选举情况,因此可以被建模为将当选可能性最大化。假设政客们在成功时没有最大化选举的优势,这就有些奇怪。由于党派Ⅱ知道如果它有权在党派Ⅰ后公布其政策纲领,那它就可能赢得选举。之后,党派Ⅱ会用一种纲领来回应党派Ⅰ包括支付向量(100,100,100)的纲领,既可以确保党派Ⅱ当选,又可以最大化其可支配"盈余"。在这种情况下,党派Ⅱ的最优政策包括支付向量(100,100,0)(或者这些支付项的任意排列),它会挪用超过仍然留在选民手中的总产品,以赢得选举。这种简单模型的含义有两方面:首先,理性党派会最大程度地剥削最大的少数派;其次,理性党派会向多数派支付确保其胜选所需的最低费用。结果就是,胜选的党派可以自由使用总资源中的很大一部分。在非单峰情况下,随着一系列政策纲领的公布,多数裁定原则决定了"垄断政府"的规模。

上述提到的模型还存在许多问题。最初的唐斯讨论所产生的问题是,要求各党派同时公布其政策是否可以避免在这种情况下的多数裁定原则问题。在各党派寻求最大化其选举可能性的情况下,似乎同时公布政策可以完全限制党派。例如,如果我们保留三票制的情况,其中总收入为300美元,并且收入可以在选民之间无偿转移,那么每个党派的目标都是在其政治纲领中,两名选民分享300美元,第三名选民得0美元(多数派的身份是随机决定的)。选择这种策略的党派必然希望打败选择在三名选民之间随机分配

300美元的党派。但是在这种情况下,重要的是,如果该党选择将300美元中的一部分供自己所用,那么当选的可能性不会降为0。如果假设各党派旨在最大化选举带来的预期收益 R,那么

$$R = P_E \cdot S$$

其中,P_E 表示当选的可能性,S 表示从选举中获得的盈余。可以证明,两党都不会选择 S 值为 0 的策略。[14]每个党派都会合理地挪用这 300 美元中的一部分,即便另外一个党派没有这么做。一个党派合理地增加其盈余时,其他党派也会增加自己的盈余。在这种情况下,会出现一种独立的调整均衡,两党(假设本质上相同)具有相同的盈余和相同的获胜概率。在这一均衡点,两党在盈余变化方面获胜概率的弹性为 -1,也就是说

$$\frac{dR}{dS} = 0 \text{ 表示 } \frac{dP_E}{dS} \cdot \frac{S}{P_E} = -1$$

因此,正如唐斯所言,在这种情况下同时公布政策并不完全具有约束力。[15]相反,不合作党派仍然有可能存在真正的垄断行为。

当然,除此之外,几乎无法排除明确合作行为的可能性。持有各种政见的政客确实有共同利益,很大可能会以牺牲选民为代价来利用这些共同利益。标准的两强垄断理论表明,"企业"数量从一增加到二通常不足以确保类似于纯粹竞争的结果:在两党制情况下的合作成本太低,无法排除党派勾结行为。

因此,在多数裁定原则下,多数主义过程和选举竞争的普遍观点似乎对选举规则约束行使政治权力的能力过于乐观。这方面的原因很大程度上是可分析的,即理论家过于关注各种选举安排的

均衡特性,忽视了政客在政治博弈中的玩家角色。结果,政客就像是人形立牌,约束其行为的观点不如投票理论中的谜题有趣。可以肯定的是,对于政治机制可能产生理想的福利结果的情况,公共选择有些悲观:人们普遍认为多数裁定原则产生的结果,按照帕累托的普通标准不是最优的或有效的。尽管如此,我们还不够悲观。

2.官僚机构的作用。就像政客通过选择政策纲领,有权确保结果不同于选民所期望的结果(或者是多数派所期望的结果)那样,官僚确实在选择和实施政策方面行使了真正的自主权。虽然政客的行为在某种程度上会受到选举失败的约束,但是官僚的行为不会。[16]实际上,官僚本质上扮演了垄断供应者的角色。无论官僚的作用是为政客提供有关其他政策的信息,还是借助其特殊技能与信息来制定要执行的具体政策,或者执行这些政策(例如直接生产公共产品),在无法竞争性提供此类专家建议或相关公共产品的替代供应来源的情况下他们都会这么做。

可以想象这样一种情况:政客在竞争性招标制度下将公共产品的供应外包给成本最低的供应者。这种情况实际上适用于某些领域,例如高速公路建设或公共工程。可以将任务外包给并不是仅为政府服务,甚至根本不为政府服务的公司,而且这些公司肯定无权担任公共职务。但是这种情况是例外,不是规则。政府消耗的大多数人力资源都由政府永久雇用,并且有任职权。在公共产品与服务供应方面,他们具有固有的垄断地位。

当然,行使这种垄断权力的确切方式有所不同。根据某一版本的官僚理论,[17]官僚被建模为最大化其预算规模,这种模型与本书所使用,以及本章提出的模型具有某些相同的分析特征。在其他版本的官僚理论中，直接收入最大化被视为官僚行为背后的动力。对我们来说，这无关紧要。重要的是，人们会认为，官僚凭借其作为公共产品与服务的供应者和政治舞台上[18]"议程制定者"的地位而拥有的权力在选举限制范围之外：根据典型公民-纳税人的宪法期望来"改善"结果的非选举限制具有很大的潜力。

历史概述。如果有明确证据表明选举程序在实践中可以反映公民的偏好，那么上述所有分析都将毫无意义。但是，可以肯定的是，这些情况似乎不能支持这样的结论。相反，对于多数派政治机构而言，这种基本情况非常糟糕。过去一个世纪左右的时间里，在我们可以了解到的国家中，政府都取得了巨大的发展，其发展程度可能是美国国父或该历史时期其他人完全没有想到的。粗略估计，美国 1902 年在各项政府活动上的开支占国民生产总值的 7%，到 1970 年，这一比例已经超过了 30%。当然，对这些数字进行精确解释很危险。公共产品供应的相对成本一直上涨时，开支增加仅能反映这种成本的增加。另一方面，如果公共部门的多数产量具有萨缪尔森式公共产品的性质，其中所有消费者都可以平等消费总产品（或者在具有规模经济的情况下不太限制消费），那么仅凭国民生产总值的增长，开支就会掩盖总产品中的大部分公共产品。政府的发展本质上也并不意味着政府规模过于庞大：没有人会假设政府是 1902 年"规模合理"的政府，或者规模的增加并不能准确反映选举意愿。此外，需要强调的是，我们论证的维度本质上是静态的。即使能够证明选举限制失败了，我们的观点也无法解释政府的高速发展。因为要想这么做，就必须解释选举限制为何随着时间的推移而变得越来越不具有约束力。

第二章 自然政府：一种利维坦模型

然而，政府规模的不断扩大（无论出于何种原因）自然会产生一个问题，即标准的选举限制是否足以让政府的权力保持在可接受的范围内。即便全体公民想要扭转这种趋势，这种趋势就可以扭转吗？如果可以扭转，那么需要用什么手段呢？

鉴于这些问题，要考虑另外一个重大历史事件。这就是所谓的"纳税人抗税"运动，在1978年加利福尼亚州第13号提案后引起广泛关注。无论这项运动长远来看是否重要，它的多个方面对我们而言都很重要。首先，抗税并非源自正常的"议会"程序和党内竞争，而是源自这种体制外部。在大多数政治机构漠不关心，甚至反对的情况下，第13号提案在加利福尼亚州取得了巨大成功，这必然会让人们怀疑正常的政治过程在多大程度上可以反映民众意愿。这些质疑并没有随着该项运动最初大批的反对者改变政策而完全消除。其次，抗税采取的不是一劳永逸的减税和减少开支形式，而是采取未来可以发挥作用的明确宪法约束。这种声明旨在将政府的规模限制在正常选举程序中的普遍水平之下，但造成的显著影响是，无论出于何种原因，大批公民，甚至在某些地方的绝大多数公民都不再相信周期内的政治过程可以产生符合选民意愿的结果。

总体而言，借助于历史经验，尤其是美国近期发生的事件，的确可以说明，在当前制度下政府几乎失去了对选民的控制。如今的美国似乎比过去几百年以来更接近税收最大化的行为边际。从中我们可以推断出，具体制定的，更具约束力的税收宪法可能很合理，虽然先前并不存在这种税收宪法。虽然19世纪和20世纪初，人们很少或根本没有关注过这些问题（相对忽视或多或少是理性的),但是历史让此类问题变得愈加重要。提到美国的情况,最初宪法文件中缺少的一套更加完整的税收制度,至少可以按照这种方式得以合理化。该文件的起草者简直无法想象,政府拥有现代利维坦所具有的权威和胃口。

我们认为,上述各种观点为我们思考非选举限制在宪法选择分析中的作用提供了充分的依据。这些论证有力地证明了政治机制的一般模型,其中多数派选举程序无法有效约束政府的权力。

但是我们要强调的是,我们在下一节中阐述,并作为分析基础的政府模型不是为了描述政治现实。我们的主要目标不是在公共选择领域进行变革,即推翻新出现的关于多数派民主国家如何运行的传统学说。即使这种变革是可行的,也只能说明这偏离了我们的主要观点。我们的确认为我们的模型具有解释潜力,而在其他情况下我们不应该反对这种潜力。我们的观点是,我们不需要这种更为实证的例子来证明这种模型不仅有趣,而且与宪法选择问题直接相关。

2.3 利维坦模型:税收最大化

由于人们认为政府在周期内运行时不受选举因素的有效约束,因此就出现了如何建立这种政府模型的问题。哪种政府行为模式被视为推导合理税收宪法规则的基础呢?这一问题回答起来并不容易。一般而言,这种模型包含一种假设,即政府决策者应根据他们所面临的约束,包括通过施加或不施加的约束,来最大化自身的效用。但是,要让这种假设在操作上有意义,需要在效用函数中定义相关的自变量,或者至少要为此类自变量定义替代变量。

最简版本的这种模型假设,政府可以通过各种宪法途径最大化其税收收入。如果不限制税收收入的用途,税收就等于政府决策者的私人收入。如果这些约束有效,但与我们所研究的税收规则无关,那么我们可以将政府建模为最大化税收,因为税收可以替代"盈余"。

例如,如果对税收使用的限制明确要求,将一定比例 α 的总税收用于特定的公共产品与服务,那么政府的"盈余" S 作为政府可以自由使用的收入,是税收收入超出特定用途开支 G 的部分:

$$S = R - G \tag{1}$$

且由于 $G = \alpha R$,

因此 $S = (1-\alpha)R$ (2)

纳税人倾向于让 α 保持不变,以便将全部税收用于他和/或其他纳税人从中受益的产品与服务开支。即使 α 名义上保持不变,也有可能降低。即使没有降低,在缺少税收具体限制的情况下,税收最大化仍然近似于利维坦的最大需求。例如,如果从萨缪尔森观点的对立角度定义,假设有宪法规定税收收入仅用于为真正的公共产品与服务融资。进一步假设存在这种商品与服务,可以通过某种客观一致的方式来轻松识别。在这种情况下,如果政府决策者可以操纵税制,从而自己不纳税,那么他们会以满足自身的数量规模为商品与服务融资,实现效用最大化。在最合理的情况下,这些满足程度要足够高,以使税收最大化成为政府行为令人满意的替代物。显然,决策者永远不会发现税率提高到超出最大税收限制的程度是有利的，因为这么做会减少融资的公共产品与服务的数量。

政府开支当然不限于为真正的公共产品与服务融资；也有可能就是否存在此类商品与服务提出一些严肃的问题，至少是以萨缪尔森的对立含义所暗含的形式。一旦我们摆脱这种纯粹的对立情况，政府就可能出于公共产品供应的纯私人目的，利用税收来按照自己的目的进行再分配，这种可能性意味着扩大预算规模的动机仍旧明显。由于个人收益可能再次交易，因此饱足度限制进一步会扩大。税收最大化仍然是一种简单的政府行为。

现在，以更能描述现实世界中的预算情况为例。政府为公共和准公共产品与服务融资，这不仅给政治团体中大多数成员带来一些利益，也为直接的货币转移融资。但是，我们假设，转移货币量会受到宪法约束。源自税收的直接货币会被限制流向政治团体中某种程度上符合贫困标准的成员。这种限制意味着，政府决策者不得将直接税收收入转移给自己。这种收入不等于私人收入，因为这种收入存在于非限制转移的情况下。政府决策者的效用最大化趋向于最小化，而不是将向贫困者的直接支付最大化。然而，政府决策者可能会以帮助贫困者的幌子，通过"福利官僚体制"来确保间接转移。这种官僚体制实际上是效用最大化的政府的预期结果，向贫困者转移直接支付则不是。正如在其他情况下所讨论的那样，政府决策者在这种情况下的效用最大化将会体现为税收最大化。

然而，有一种情况是税收最大化与盈余最大化不一致。公式(2)中的 a 取决于税收水平或开支水平。我们将在第七章分析这种情况。在第九章所讨论的联邦制情况下,不需要限制公共资金的使用。但是在第三章至第六章的分析中,税收最大化模型被认为是最合逻辑,也是最简单地体现了利维坦政府的目标。

2.4 庞大的利维坦模型

如前所述,将税收最大化作为政府行为的主要特征时,我们正在勇敢地从个人效用最大化迈向对政府最大需求的假设。这在任何情况下都会被建构成集体主义。即使在非民主国家,也很难将"政府"建模为类似于个体一样的单一主体。如果考虑到在有效制定政府决策的人中,有许多、一些或者几个效用最大化不同的人进行互动,那么我们将直接陷入公共选择-社会选择理论中的复杂情况。不可能存在这样的"政府","政府成果"几乎没体现内部一致性或稳定性。

当然,我们不否认在公共选择-社会选择框架或范式内考察政治过程的各种做法的重要性。熟悉我们先前做法的人显然对这种说法不陌生。但是我们故意删减了政府决策者中人际互动的复杂情况,强加了"政府作为实体"的"好像"模型。这么做不是暗指"政府"实际上是独立存在的,独立于那些代表其行事的人,尽管他们对要观察的具体结果负有责任。假设这些人会最大化其效用,我们不是说每个政客-官僚或任何一位政客-官僚都将税收最大化视为明确的目标。实际情况恰恰相反。政府决策者似乎不可能在其效用函数中体现这种明确的税收目标,至少不可能直接体现出来。我们的逻辑结构与现代公共选择文献中发现的政客与官僚的效用最大化模型并不矛盾。在我们的模型中，决策者们不会直接进一步追求"利维坦利益"，而是进一步追求"公共利益"。

可以将其比作竞争市场中的买卖双方互动。从亚当·斯密开始，我们就知道竞争市场操作促进了普遍的"公众利益"，即便没有一个参与者需要明确实现这一目标。我们的政府运作模型基于以下假设：即使没有人明确将税收最大化作为自己的行动目标，所有政府决策者之间的互动也会产生近似于"利维坦利益"（税收最大化）的东西。

我们构建税收最大化的利维坦模型，旨在将现代政府决策体系中的观察结果纳入一种分析模型，可以对宪法替代方案进行合理的讨论。如前所述，对个人在产生集体结果中互动的复杂情况进行分析，可以在投票规则、程序与过程方面对宪法替代方案进行规范性评估。无疑，这些替代方案中的某些子方案可以产生预测性的财政结果，从而使得税收最大化的利维坦模型完全不适用。但是，我们不打算讨论现代社会中更具包容性的宪法挑战。我们将税收最大化的利维坦模型视为一种合理情况，在这种情况下，可以适当讨论税收宪法中的其他要素。

从仁慈专制模型转变为税收最大化的利维坦模型，需要两个步骤，但许多批评家却半途而废。这些批评家认识到，充当公共选择角色的人最好是被分析为效用最大化者，但是他们反对"跃进到利维坦模型"的方法论。他们建议"政府"行为最好是被建模为在潜在政策空间上进行某种"不受约束地随机游动"，没有重要的最大需求，即便对于"好像"分析也是如此。我们应该承认这种政治过程模型固有的合理性，意识到在这种情况下推导一定财政宪法基础的挑战。这样的宪法在很多方面都与利维坦假设下出现的情况相似,但在其他方面有所不同。然而,我们要强调的是,转变为这种政治模型,绝不会减少宪法约束的必要性。在通过与"随机游动"模型比较来支持利维坦模型的过程中,我们会从相对意义和绝对意义上指出政府发展的实证记录。

2.5 宪法标准

在非常规的政治过程模型中,对其他税收制度中的宪法选择进行分析之前,我们需要对这种模型的"福利特征"评论一二。具体而言,我们需要问的是,是否可以确定按照此模型制定的限制自然垄断政府行为的约束源自宪法契约。即使政府被建模为税收最大化的利维坦,未来的公民-纳税人也倾向于不限制征税权。这真的是不可想象的吗?

在某种意义上,这种问题好像有点荒谬。当然,潜在的公民-纳税人希望在预算期序列中获得更接近他所期望的财政结果。然而,一旦人们认识到公民-纳税人自己就是统治阶级的成员,即未来的政客-官僚,那么答案就不再是不言而喻的了。

举两个简单的例子。如果把利维坦理解为公共产品的垄断供应商,可以按照"完美的"歧视性税收定价来挪用公共产品供应中的全部利益(在极端情况下,这是脱离无政府状态而得到的全部利益),那么只要垄断供应商有望成为政治团体的一员,公共产品供应所产生的利益就属于该团体内部。虽然从后宪法上来讲,每位公民-纳税人实际上并不比无政府时期更加富裕,但是公共产品供应商的境况却要好得多。如果一个人的损失是另外一个人的收益,而不属于统治集团成员的公民-纳税人对公共产品供应所产生的净收益的分配漠不关心,那么不受约束的利维坦政府确实可以从宪法计算中推导出来。无知之幕的背后,潜在政客-官僚的收益抵消了个人计算中公民-纳税人的损失。旨在为公民-纳税人获得更大收益而制定的约束根本不会带来任何预期收益。

从我们在第2.2节中对多数裁定原则操作的讨论中可以得出类似的结论。在标准的唐斯民主模型中,偏好是非单峰的,党派按顺序公布政策,结果是"政治失败",因为有权最后公布其政策的党派会胜选,无论它是否选择最佳点。唐斯将这种现象称之为"积极封锁"。如果认为政党属于相关的总集团,这些政党在唐斯模型的替代方案中是盈余最大化者,那么目标将始终为帕累托最优,因为获胜方不会允许不必要的浪费,获胜方会将这种不必要的浪费转化为个人盈余。公民在宪法上只对预期收益感兴趣时,政府对公民的剥削对他来说是完全可以接受的。相比于党派只是按照唐斯方式当选的情况,如果党派最大化盈余的话,包括对党派贿赂在内的总预期收益实际上更高。

当然,提出这一问题会产生广泛的影响。选举程序被视为向政府施加限制时,所面临的问题无非就是真正的民主(在民主制度运行良好的地方,抛开理性的无知等问题)为何倾向于专制的问题。有人可能会断言,如果在宪法背景下民主和专制都可以接受,那么对于宪法方法而言就更加糟糕了。

我们的回应是,思考这些问题会偏离我们的主要目的——考虑到选举程序的作用是约束自然垄断政府,并从同样的视角,根据同样的标准来研究非选举规则,我们可以简单地接受这一点。然而,我们的整个观点仍然容易受到抨击,抨击我们选择的分析情况没有表明约束任何形式的政府的根本理由,因此根本无法对我们这一版本的财政宪法作出标准的解释。

结果,虽然我们在这里没有普遍探寻"民主的理由",但我们的确需要观点来表明,不受约束的利维坦在我们看来不是"高效的制度"(也就是说,除非约束成本过高,否则宪法契约中不会产生)。在这方面,我们可以提出三个基本观点。

首先,在宪法背景下,个人并非对收益分配漠不关心。他们规避风险时,可以假设他们支持受约束的政府,反对狭义分配纯粹垄断政府所隐含的巨大收益。我们认为,这种观点本身就具有足够的说服力。然而,我们不会仅依靠罗尔斯式的分配观点来证明财政约束的合理性,也不规定这些约束应该采取的形式。我们这里探讨的财政宪法在其标准体现形式上不一定是罗尔斯式的。[19]

其次,征税超出政府税收收入的负担时,从公民-纳税人向政客-官僚的转移并不是没有代价的。因此,抛开分配问题,期望每个人都仅凭预期收益来做出自己的宪法选择的话,宪法计算会产生一种制度。在这种制度下,从公民向政府的单纯转移会被最小化(即转移超过公共产品供应所需的资源)。换言之,公民会最大限度地限制利维坦政府。实际上,由于所有可行的税收安排包括"超额税负",因此,对于施加一般性约束,特别是施加财政约束而言,这种观点似乎非常重要。[20]

最后,最近以"寻租"为题出现的效率成本要素似乎特别重要。[21]在政府中占据权力地位所获得的利益产生了获得这些利益的竞争性过程。这些竞争性过程本身涉及经济资源的使用。根据自愿宪法建立完全不受约束的利维坦政府，将会产生强大的垄断特许权；这将是创造潜在极高租金的典型例子。在传统情况下垄断特许权的竞争会创造激励措施以消耗资源来获得该特许权（其价值远远高出所涉及的垄断租金的价值）时，建立强大的垄断政府将创造激励措施，以战胜那些占领权力宝座的人。历史上，尤其是军事史上有很多例子，成本规模方面的例子也具有说服力。从典型的公民无知之幕背后没有体现出来的优势来看，他肯定更愿意以这种完全浪费的方式来减少资源的消耗。这么做的唯一途径就是最小化"管理"中所获得的租金，也就是说通过约束利维坦政府，使其盈余最小化。

对我们来说，这些观点有力地预测了无知之幕背后，所有理性人都会最大限度地限制税收最大化政府的剥削。我们的模型就是基于这种假设而设计的。个体以除了税收最大化之外的方式为政府建模时，我们的分析很大程度上是暗示性的而不是确定性的。然而，只要在收入来源可用性与税收数额之间预计有反馈效应，我们的分析产生的实质性影响就仍然有效。

第三章 限制税基与税率结构

> 在限制任何政府体制并确定对宪法的若干约束时,应该把每个人假设为无赖之徒,他的一切行动只为谋求个人利益,别无其他目的。
>
> ——大卫·休谟,"论议会的独立",
> 《道德、政治和文学论文集》

如前所述,传统的标准税收理论采用了经济效率和公平性的外部标准来评估替代性税收安排。在对替代性方案的标准比较中,该问题是以等额税收的方式提出的。假设政府每个时期都需要某些外部决定的税收,而这种分析的目的是找到针对所选标准来衡量最能有效产生这种税收的税收安排。在所有重要方面,这种标准分析在制度上都是空洞的。人们根本没有注意到,特定税收工具在确定政府要征收多少税时对政府本身产生的反馈效应。相反,税收工具形式与政府征税行为的相互依存性是宪法方法的关键,特别是采用了利维坦模型的方法。[1]

为了强调有关政治过程的变化假设所产生的显著影响,必须总结传统分析中出现的税收结构"原则"。如前所述,我们隐含地假设政府在每个预算周期都需要固定的税收,这笔收入大概会为某些高效或最优数量的公共产品与服务融资,不受账目开支方面的影响。在这一框架下,理想的高效税收被视为一次性征税。从定义上来讲,这种征税不会产生任何行为影响。[2]由于人们没有以任何方式对税收做出行为调整,因此不会产生超额税负,不存在税收所导致的无效率问题。此外,在具有生物学同质性的纳税人群体(就无法通过行为调整来改变的特征而言,例如年龄、性别、种族和已衡量的自然能力与技能等)中,必须对他们统一一次性征税。因此,既要满足横向公平的主要标准(即同等纳税人同等待遇原则),也要满足经济效率的主要标准。

尽管普遍承认现实中不存在一次性征税,但是一次性征税仍是传统标准理论的分析基准。人们认识到所有税收必须产生某种行为影响时,效率与公平标准在替代性安排的评估中会发生冲突。基于严格的效率理由,应根据各自预期的行为响应来对个人征税。总体而言,只有对最不积极响应的人而非积极响应的人征收重税时,才能将超额税负降到最低。然而,在这种情况下,按照税前情况衡量的话,同等纳税人可能会得到不同待遇,公平因素决定了待遇一致性问题,与行为响应无关。同样,公平因素体现了"不同等纳税人"在税收待遇上的相对差别,这与严格的经济效率要求背道而驰。例如,如果收入或财富规模较小的人对税收的响应不如收入或财富规模较大的人积极,那么效率准则就建议采用累退税计划。只有这样的计划可以在这种情况下将超额税负降到最低。但是,公平准则意味着应该立即拒绝采用累退税计划,而且应该使人们面临的税率与税基的税前措施成比例,或者是累进的。

对税收结构的特征进行传统的标准评估,关键取决于等额税

第三章 限制税基与税率结构

收的假设。我们用标准待遇中隐含衡量的被动仁慈专制代替税收最大化政府时,这种假设就变得不堪一击。在利维坦模型的宪法决策阶段,潜在的纳税人会意识到,只有通过限制税基和允许的税收结构才能阻止其财政胃口。即便这种分析基准是理想的、抽象的一次性征税,从宪法视角来看,它也会失去其"效率"特征。[3]如果可以找到不产生任何行为影响的税收,如果允许税收最大化政府利用这种资金来源,那么所有人都会完全受到这种财政权的影响,所有潜在的经济价值在征税过程中都会被公然没收。

评估实际的税收制度而不是理想模型时,通过宪法得出的效率等级不同于从传统的等额税收比较中得出的效率等级。与此相反,宪法视角与更有限、更幼稚的传统讨论中出现的公平准则相一致,从而强化了这种公平准则。横向公平原则,即同等纳税人同等待遇原则,或者简单来说就是处境相似的人待遇一致原则,变成了可以开始限制利维坦苛税的税收结构的一种特征。如果在宪法上要求政府在财政方面与公民打交道时遵循一般戒律,那么要排除因个人与纳税人群体之间的复杂歧视而产生的税收潜力。

关于潜在的税基生产者面临的税率表,也可以得出很多相同的结论。如果我们合理地假设潜在的纳税人可以从生产应税税基中减少相对边际效用,无论这种税基是货币收入、货币支出,还是特定的开支或收入项目,那么政府只有强制执行理想的累退税率表,才能实现税收收入最大化。因此,如果以总税收收入的形式来定义的话,针对累退税计划的宪法约束可以限制政府的征税权。注意,除了明确引入税收公平或税收公正的外部标准之外,人与人之间税收待遇一致性的要求,以及税率表必须具有非累退性的要求已成为高效"税收宪法"的可能特征。

除了对税率表的宪法约束之外,还要限制税收的允许税基。在传统的标准理论中,税收实际税基的综合性是财政结构的第一特性。这种税基综合性的逻辑基础非常简单。允许(作为潜在的纳税人)个人从应税选择转变为非应税选择时,产生的超额税负就意味着对社会造成了无谓的损失。此外,某些潜在的纳税人转变为非应税选择,而其他人没有转变,那么就会造成不公平。在等额税收的参考框架内,税基综合性的观点是合理的。但是在我们分析所采用的宪法视角下,税基综合性的传统依据就消失了。

本章的目的是在某种程度上更加正式地分析税收最大化政府模型,分析可以将财政超额维持在可承受的范围内的税基与税率约束。

3.1 政府作为税收最大化者,受宪法税收约束

正如维克塞尔所言,除非有人期望从他们预期政府用税收来融资的商品与服务中获得某些利益,否则任何人都不会在宪法决策阶段或后宪法阶段准许强制征税。税收是一种强制性工具,让政府向没有相应表达当前纳税意愿的人们征税。此外,即便是在最有效的政治民主模型中,税收立法也仅需要代表大会多数成员的同意。

或许在历史上某个时期,依靠立法机构中多数裁定原则的运行来限制政府的财政活动似乎很合理。当然,多数裁定原则模型

仍旧存在于正式的集体决策理论和大众对民主的讨论之中。然而，面对现代公共部门和官僚机构拥有不同于专门立法权的权力问题，政府财政约束的民主限制模型越来越幼稚。第二章中讨论过质疑选举限制有效性的一些原因。在一种更为认可的理性宪法选择模型中，正如预测其按照后宪法运行的那样，政治-官僚过程在通过财政宪法施加的税收限制范围内实现税收最大化。

第二章介绍了这种政治过程模型，称为利维坦模型。一旦政府建立，公民就无法有效控制政府，这超出了宪法施加的约束。假设这些约束具有约束力，但是预算最大化或税收最大化的政客-官僚完全可以在这些约束范围内做出后宪法或周期内的财政决策。[4]

这种程式化的宪法选择的特征就是进一步假设每个人对整个后宪法时期收入和消费模式的总体水平与分配做出了明确的预测，但是他对自己未来在分配中的地位或品味模式的特征一无所知。[5]一般的非个体化知识足以让人们在广泛的范围内估算公共产品预算开支的"高效"水平，以及在其他税收安排下可以获得的总收入。由于个人仍然对其预期收入或品味一无所知，因此他无法确定在特定税制下的成本。他无法预测自己在后宪法上是否倾向于公共产品数量小于或大于其预测整个社会"高效"的公共产品数量。鉴于供应成本的独立估算，每个人都会合理地选择可以大致产生"高效"数量 $\bar{G}$ 的制度。所需公共产品与服务的实际开支取决于

$$G = \alpha R \tag{1}$$

其中，α 表示在实际供应所需产品与服务上预期的税收开支

比例，R 表示总税收收入。在本章要讨论的模型的分析中，α 的值具有外源性，即 α 的值取决于除了这里分析之外的约束的运行。[6] 正如我们所说，α 实际上是

$$1 > \alpha > 0 \tag{2}$$

因此，所需公共产品与服务的开支是税收的某种直接函数，个人在宪法阶段所面临的问题是组织税收安排，以便增加的税收在通过 α 调整时产生的公共产品与服务数量按照既定的新成本估算是"高效的"。当然，这些新成本要取决于 α 的值。[7] 因此，选择 R，得出

$$\alpha R = \bar{G} \tag{3}$$

利维坦模型的典型性假设是，在每个后宪法预算时期，政府会在宪法规定的税制内最大化总税收（从而最大化总开支）。也就是说，政府希望

$$R = R^*(b, r) \tag{4}$$

其中，R^* 表示从税制中可以获得的最大税收，是税基 b 和对此税基征收允许税率 r 的一个函数。形式上，个人在宪法选择阶段面临的问题是选择 b 与 r，得出

$$R^*(b, r) = \frac{\bar{G}}{\alpha} \tag{5}$$

3.2 简单模型中的税基与税率约束

我们最初的分析局限于一个人，假设他仅在两种可能的税基

定义中做出宪法选择。一种税基的定义是完全"综合的",另一种则缺少这种限制。我们之后会放宽这些假设,但是此时简化非常方便。为了讨论,什么是非综合税基以及是否对"用途"或"来源"征税(即无论是收入税还是开支税),都不重要。以一种简单模型为例,其中劳动力是唯一的生产要素。此外,假设非综合税基指的是在市场中通过劳动所得的货币收入,而综合税基包括这类货币收入,也包括个人非市场生产的有价值的终端产品(包括闲暇)的估算货币等价物。换言之,综合税基指的是全部收入或潜在收入。需要研究的问题是,个人是否更倾向于体现综合税基的税收宪法,而不是限制货币收入税基的税收宪法。[8]

图 3.1 描述了这种情况。无差别曲线用曲线 i 标记,表示个人在赚取货币收入活动 Y 与闲暇活动 L 之间的偏好。这些偏好体现了标准属性。[9]如同一贯的传统税收分析,这里的讨论忽略了公

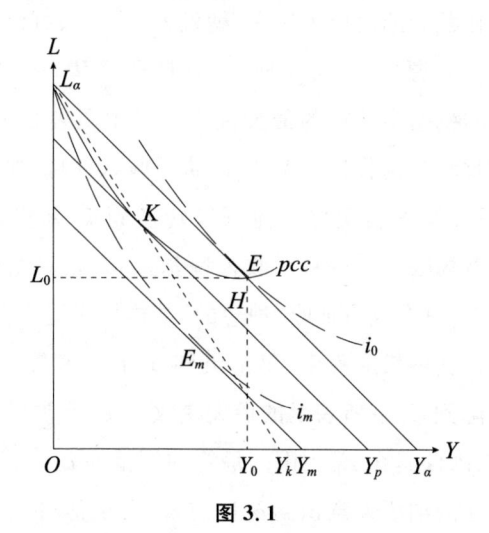

图 3.1

共产品供应所产生的收入效应反馈。税前情况的特点是 L 与 Y 之间的相对权衡,这反映了赚取收入活动的生产率。初始的税前均衡是在曲线 i_0 上的 E 点 (Y_0,L_0) 处。

如果政府可以利用完全综合的税基,那么接下来要考虑个人会面临的前景。在这种情况下,个人超出其维持最低生活的潜在赚取收入能力会遭到最大限度的剥削。除了维持最低的基本生活外,全部的"收入等价物"OY_a 都有可能为政府所用。政府一心想最大化税收,可能会剥削超出个人可维持基本生活的最大潜在收入。[10]

由于难以想象有人会预期"高效的"公共-私人混合部门要求超出维持基本生活的全部潜在收入用于政府目的,因此,如果潜在的纳税人-受益人可以预测我们假设的这种政府后宪法行为,他就不会选择综合税基。相反,他会试图对国库、政府的征税能力施加宪法约束。在我们的简单示例中,纳税人-受益人可以允许政府只对普通的收入来源(只对货币收入)征收所得税,来实现这一点。从这种有限的税基中获得的最大税收可以用图表 3.1 中的 Y_mY_a 表示。如果政府对税收超过 Y_mY_a 的货币收入征税,那么个人停止赚取收入的话,境况会更好。他可以转换到 L_a 来提高自己的地位。如果政府局限于这种货币收入税基,那么它只能获得这种最大税收 Y_mY_a。只有政府征收"理想的"结构性累退税,才可以获得这笔税收。在这种累退税中,每个级别 Y 的税率等于 i_m 的斜率。这会使 i_m 下降到 E_m 点所表示的最大税收均衡,允许纳税人获得微薄的盈余,以确保其在 E_m 周围的最终均衡偏好 L_a。

如果潜在的纳税人意识到这种前景,那么他可能希望进一步施加宪法约束,即税率表不应体现累退性。如果要预测货币收入税基,以及对 α 的预期值和税收最大化的累退税率表,在所需公共产品与服务方面产生的开支超过预期"高效"供应水平,那么显然会出现这种选择。例如,如果要求政府保持在比例性税率结构范围内,那么它会有效面对不同"价格"Y 在个人"价格-消费"曲线(用图 3.1 中的 L_aKE 来表示)上的潜在均衡点。在这种情况下,税收最大化安排可以表示为:画一条与 L_aY_a 平行的直线,与价格-消费曲线相切,切点为 K,Y 的相关税收最大化比例税率为 Y_kY_a/OY_a,税收收入为 Y_pY_a。图 3.2 中相应的部分均衡图可以将这种情况的精确性与价格理论中熟知结果的分析相似性分开。[11,12]

图 3.2 中的曲线 DD 表示个人对创造收入活动的需求。可以从体现图 3.1 所示属性的偏好映射中推导出曲线 DD。面对必须征收比例税的要求,追求税收最大化的政府会选择什么样的税率呢?这一问题类似于垄断公司寻求利润最大化行为的问题,答案是一样的。我们在图 3.2 中推导出"边际收入"曲线 MR,该曲线与水平的美元价格线(即边际成本)相交,得出税收最大化 Y 的数额。这表示 Y_1 点上货币收入的税后均衡水平和税收最大化税率 t^*。注意,用货币收入记账单位评估时,赚取一美元收入的成本就只是一美元。图 3.2 中的需求曲线与成本曲线之间的"消费者盈余"区域可以衡量货币收入相对于闲暇的效用价值。再次按照记账单位评估时,货币收入的效用价值超过了闲暇的效用价值。

图 3.2

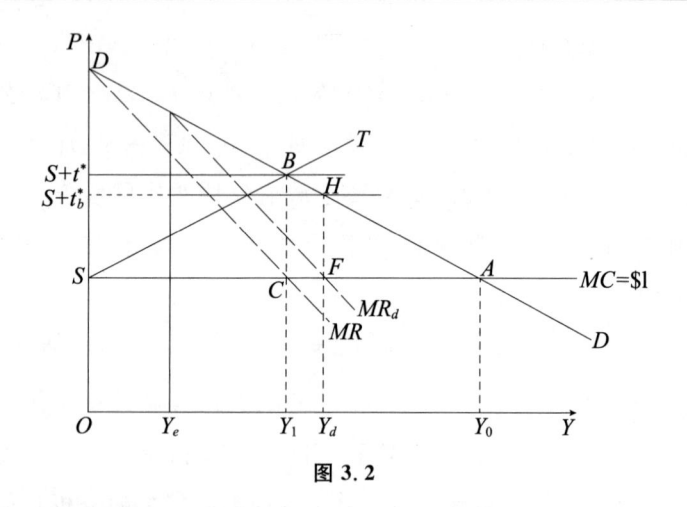

该图体现了后宪法政府过程模型与垄断理论之间的相似性。我们的模型在分析和概念上被称为"政府垄断理论"。可以按照下列公式,用代数推导税收最大化税率 t^*。已知 $R=tY_1$,t 为比例税率,R 为税收收入。此外,

$$Y_0 - Y_1 = Y_0 \cdot \eta t$$

因为

$$\eta = \frac{\Delta Y / Y_0}{\Delta P / P} \qquad (6)$$

且 $\Delta P/P = t$

所以

$$R = tY_0(1 - \eta t) \qquad (7)$$

求微分,

第三章 限制税基与税率结构

$$\frac{dR}{dt} = Y_0(1-2\eta t) \tag{8}$$

假设(8)为0,得到

$$t^* = \frac{1}{2\eta} \tag{9}$$

在公式(7)中代入 t^* ,得到

$$R^* = \frac{Y_0}{4\eta} \tag{10}$$

正如我们所预期的那样,最大税收与应税税基的初始规模直接相关,与弹性系数的值成反比。

正如我们所指出的那样,比例税结构下从既定税基中征收的税收少于理想的累退税率结构下征收的税收。然后要问的是累进税率结构会给税收带来什么影响。处理单个纳税人的情况时,税收最大化的政府不愿意从均衡比例税转向累进税率结构,因为累进税率意味着边际所得税税率在提高而不是降低。最简单的累进税率结构很容易证明这种税收效应,这种税率结构只包括两种边际税率,第一种边际税率为0。以递减累进税率结构为例,在这种结构中,超出一定初始范围的收入 Y_e 完全免税。由于这种附加的约束,剩余收入单位的税收最大化比例税率会下降,总税收也会相应减少。

如果用图表的形式,可以在非零比例税所应用的范围内绘制一条新的边际收益曲线 MR_d 来表示这种结果。如图3.2所示,最大税率为 t_d^* ,在 Y_d 点实现均衡总收入。图3.2表明,与严格的比例税相比,税收最大化递减累进税率结构产生的总税收要少,超额税负也小。在比例税情况下，图 3.2 中 ABC 的面积表示超额税负。在假设的递减累进税率结构下，AHF 的面积表示超额税负。

并非所有形式的累进都会引起超额税负的变化。例如，线性累进税率表（图 3.2 中的 ST 线表示）会产生税收最大化边际税率 t^*，这等于税收最大化比例税率，在 Y_1 点税后均衡收入相同。注意，在这种情况下，累进税率所得的总税收是在比例税结构下所得的总税收的恒定份额，其中在 Y_1 点征收的边际税率适用于整个收入范围。因此，在这种税率结构 ST 中，累进税率所得的总税收是在比例税结构下所得的总税收的一半。注意，这两种情况下的超额税负是相同的。

有必要总结本节的主要观点。我们发现，纳税人-受益人的宪法决策计算是在类似利维坦的后宪法财政过程的预期下运行的，包括他选择限制税收体系中征税潜力的制度手段。我们详细探讨了可以实现这一目标的两种方法。一种是限制税基的规模。显然，税基规模的增长超出一定程度是不合理的。另一种是对既定税基的允许税率结构施加宪法约束。这些约束可以排除执行累退税税率表的可能性。这种观点既源自我们整体分析的宪法视角，也源自我们对政治过程的预期运行特性做出的非常规的合理假设。

3.3 众多之一

在上一节分析的简单模型中，我们关注的是个人的选择计算。这种模型不必像看起来那么具有限制性，因为我们是在宪法背景下分析了选择。在这种情况下，不期望选择者会知道自己在后宪

第三章 限制税基与税率结构

法时期的地位。然而,我们忽视了一个问题,那就是个人会意识到不管他的地位如何,他将是众多纳税人中的一员,公共产品偏好和税基特点存在差异。

我们首先思考的是先前关于税基限制的结论是否适用于这种情况。以两人情况为例。在图 3.3 中,假设两个人 A 和 B 在某种税前或无税均衡中获得相同的货币收入,数额为 Y_0。回顾一下,根据我们的宪法阶段假设,个人只知道这两人都具有所描述的特点。他不知道自己将来会是哪种地位。这两个人预计会对基于有限税基或货币收入税基而征税做出完全不同的响应。闲暇和/或其他有价值的终端产品可以免税。这种不同的响应可以用货币收入"需求曲线"的斜率 D_a 和 D_b 来表示。

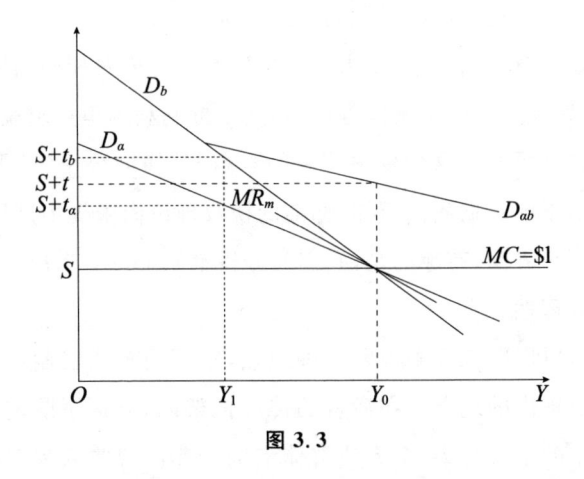

图 3.3

这里首先要注意的是,只要可以预测任何响应,先前制定的非综合税基就不会受到限制。图 3.3 描述了两人的偏好,每个人都免受政府的剥削潜力的影响,虽然政府的剥削潜力出现在全部所得的情况下，而不是货币收入税的计划中。

现在，我们要分析在这种两人情况下税收最大化政府预期的征税行为。如果政府可以区别对待 A 和 B，可以对每个人的货币收入征收比例税（假设不允许采用递减累进税率表），那么政府将向 A 征收税率 t_a，向 B 征收税率 t_b。在几乎所有情况下，这种区别对待都可以从社会中征收更多的税收，而如果宪法要求政府向每个人征收相同比例的税，或者更笼统地说，两人都面对相同的税率结构或税率表，那么征收的税收可能更少。

假设在统一税率结构下对两人征税，那么统一税率就在 t_a 和 t_b 之间（$t_b > t > t_a$）。在图 3.3 中，可以确定税收最大化统一比例税 t，其中"市场"边际税收曲线 MR_m 与美元价格线相交，从交点画一条垂线，与"总需求曲线"D_{ab} 的截距为价格。

正如本章开篇所示，要求社会中所有人都面对相同的税率表，换言之，所有人必须享受同等待遇，这是抑制利维坦追求税收倾向的一种制度手段。这种税率统一的观点与"横向公平"准则有关，但又有所不同。据我们所知，标准的税收理论尚未提出这种观点。在横向公平方面，有趣的是，我们的分析本质上没有形成这种原则的宪法合理性。

还可以用图 3.3 来说明一种观点，它不同于假设制度稳定性的模型所提出的观点。在后者的传统框架内，分析了既定税收制度结构中的个人行为；个人或群体借助于非应税收入来源或收入用途以避免或减少纳税的行为，可以解释为对不太响应的纳税人和／或公共产品受益人施加了外部成本或不经济条件。[13] 相比于其他方面所需的税率，提高税收税率或降低必要公共开支的税率来减轻税收负担的行为给其他人带来了成本。

现在,在宪法框架下思考同样的问题。个人想要限制利维坦政府的税收潜力,然而还不确定自己的地位。在这种情况下,让他受益的一点是,至少社会中某些纳税人能够转向非应税选择来减轻税收负担,因为这会导致税收最大化统一税率降低。这种结果很容易证明,如图3.3所示。比较税收最大化统一税率t与预测两位纳税人以D_b所示的方式做出同等响应时的税收最大化税率。统一税率提高到t_b时,政府会获得更高的税收。因此,让纳税人B受益的是纳税人A沿着D_a而不是D_b做出响应,从而确保税率是t而不是t_b。做出宪法选择的个人预测纳税人群体中某些人在后宪法时期会转向非应税收入来源或收入用途时,他会相应地减少对利维坦政府财政剥削的担忧。

本节最后,我们要思考的问题是先前就累进、比例性与最大税收之间的关系所得出的分析结论是否适用于多人情况。回顾一下,在单人情况下,税率表中引入累进特征可以减少政府从单个纳税人那里征收的最大潜在税收。在多人情况下问题更为复杂,因为我们必须在保证税率统一的要求下考虑不同的行为响应和不同的税前收入水平。在图3.3所示的两人情况下,$t_b > t > t_a$,其中t_b和t_a表示对每个人单独征收的税收最大化比例税,t表示对两人统一征收的税收最大化比例税。如果允许或要求政府引入累进制,总税收会超过按照税率t征收的税收吗?如果在某些初始收入范围内降低税率,那么从最具响应人A那里征收的税收就会增加。如果要抵消从纳税人A那里所征收的税收,就必须在此收入范围内减少纳税人B的税收。必须同等对待纳税人B。如果超过这一限制,可以将税率设为高于 t 的水平来增加从纳税人 B 那里征收的税收。税收的增加是否会超过或不及税收减少的幅度,取决于两位纳税人"需求曲线"的相对弹性,其中它们与在 $s+t$ 点的水平线相交,即为税收最大化比例税率。如果图 3.3 中被指定为 A 的人对低于税率 t 的响应比 B 对高于税率 t 的响应更积极,那么累进税增加的税收会高于统一比例税率增加的税收。在其他情况下,这种增加是不现实的。[14]这里要强调的是通过处理两人模型而施加的约束。重要的是不同纳税人群体的税收调整弹性。在图 3.3 中,增加一个相当于 A 的纳税人,累进税制就有可能增加税收,而增加一位相当于 B 的纳税人则会减少这种可能性。这种分析结果说明,税收最大化比例税率和累进税率的相对收益特性主要取决于纳税人在各种响应群体中的分布情况,因为应税收入的水平不同。

3.4 税收限制与税收改革

我们认为,税基和税率结构将受到有权选择税收安排的人的宪法约束,虽然他们不知道自己的地位,并针对后宪法时期的政府行为采取了税收最大化模型。我们的分析为允许税基的非综合性提供了有力支撑。纳税人创造价值的活动仍然不在财政当局的允许范围内时,就可以抑制利维坦的胃口。人们可以借助于非应税选择,并且知道他们会这么做的情况下,政府必然会抑制其征税。

允许政府利用征税工具的风险对我们的模型至关重要。这些工具产生的预算会超过为某些高效水平的公共产品与服务融资的必要预算。然而,我们要认识到,随着时间的推移,宪法税收约束过于具有限制性。在这种情况下,必然会通过宪法调整来逃避出现的后宪法压力。这些宪法调整可以扩大税基,允许更为灵活的税率结构,从具体性转向综合性。很难从实证上区分选民对放松这种约束的真正需求与追求税收的政客-官僚的不断需求。对于政客-官僚及其代言人而言,他们倾向于直接扩大税基,增加征税来源的数量。官僚部门提出的"税收改革"主张主要是为了"削弱税基"。实际上,对我们的政治过程模型的实证有效性的间接测试在于,改革家对当前税法限制内的相对税率缺少关注。

在讨论提议的税基改革时,传统的标准税收理论家和纳税人的态度最为明显。我们的分析可以"解释"纳税人的态度。例如,纳税人有可能对以全部收入为税基进行纳税的建议做出消极且强烈的响应,比如将自有住宅的估算租金价值纳入个人所得税税基。标准的税收理论家以比较等额收益率进行推理的方式提出了这种主张,他们对纳税人做出的响应是,他们认为整体税率会随着税基的扩大而降低。纳税人可能会含蓄地拒绝这种等额收益率的假设,他们预测扩大税基必定会让寻求税收最大化的政府进一步征税。

美国的财政情况就是很好的例证。例如,1979年末,人们广泛讨论了一项提案,旨在引入税基广泛的增值税,抵消工资税和个人所得税与企业所得税的减少。如果采纳这种提案,那么增值税所创造的税收预计会超过其他税率所减少的税收。实际上,就其扩大税基所产生的更高"效率"或更加"公平"而言,凡是普遍倡导的税收改革都有可能是合理的。如果我们对后宪法政治过程的理解与现实毫无关系,那么就应该拒绝以这种理由进行税收改革。

附录：多人情况下的累进税制

　　这里存在一个有趣的问题：在有许多纳税人的情况下，累进税是否可以比最大化比例税增加更多的税收？我们已经证明，税收最大化比例税在单个纳税人的情况下，或者在（所有纳税人都相同时）许多纳税人的情况下可以创造更多的税收。这是普遍正确的吗？

　　要分析这一问题，就需要研究一下两人情况，用 A 和 B 分别表示两个人。我们假设 B 比 A "富裕"，即无论税率如何，Y_b 都大于 Y_a。为了便于分析，我们进一步假设个人的非闲暇活动需求曲线的弹性不变。因此，可以表达为：

$$Y_1^a = Y_0^a(1 - \eta_a t_a)$$
$$Y_1^b = Y_0^b(1 - \eta_b t_b) \tag{1}$$

其中，Y_0^i 表示 i 的税前收入

　　Y_1^i 表示 i 的税后收入（用美元表示税后净值）

　　t_i 表示 i 的税率，表示为净收入所得税率

　　η_i 表示 i 对"收入"的需求弹性

于是，

$$\eta = \frac{\Delta Y}{Y_0} \cdot \frac{p_0}{\Delta p}$$

假设 $\Delta p = t$，$p_0 = 1$。在每种情况下，通过简单计算使 $t_i Y_1^i$ 最大化，可以推导出各个最大化比例税 t_i^*。于是，可以得出

第三章 限制税基与税率结构

$$t_a^* = \frac{1}{2\eta_a}$$

$$t_b^* = \frac{1}{2\eta_b} \tag{2}$$

求公式(3)的最大值,可以得出税收最大化的统一比例税率 t_i^*。

$$R = Y_0^a(t - \eta_a t^2) + Y_0^b(t - \eta_b t^2) \tag{3}$$

因此,

$$t^* = \frac{Y_0^a + Y_0^b}{2\eta_a Y_0^a + 2\eta_b Y_0^b} \tag{4}$$

在公式(4)中,t^* 是 t_a^* 和 t_b^* 的加权平均值,必须介于 t_a^* 与 t_b^* 之间。

实际上,如果回顾一下 $Y^b > Y^a$ 的假设,那么累进税比税收最大化比例税创造更多税收的必要条件就是

$$t_b^* > t_a^* \tag{5}$$

如果不是这样的话,那么偏离 $t*$,降低先前收入单位的税率或提高后期收入单位的税率,必定会减少税收。因此,利用公式(2)可以直接得出

$$\eta_a > \eta_b \tag{6}$$

要得出充分条件,必须考虑税收最大化累进税率结构。这种税率结构包含两种税率:在两者都纳税的范围内的税率 t_1 和在只有 B 纳税的范围内的税率 t_2。其他附加的累进税必然会造成税收损失。我们可以研究一下在这种情况下的总税收,确定 $t_2 > t_1$ 的条件。因此,检验以下公式:

$$R = 2\, t_1 [Y_0^a (1 - \eta_a t_1)] + t_2 [Y_0^b - Y_0^a (1 - \eta_a t_1) - Y_0^b \eta_a t_2] \tag{7}$$

$$\frac{dR}{dt_1} = 2 Y_0^a - 4 \eta_a t_2 Y_0^a + Y_0^a \eta_a t_2\, dt_1 \tag{8}$$

$$\frac{dR}{dt_2} = Y_0^b - Y_0^a + Y_0^a \eta_a t_1 - 2 t_2 \eta_b Y_0^b \tag{9}$$

假设(8)和(9)等于0,可以得出下列方程式

$$\begin{bmatrix} 4\eta_a & -\eta_a \\ -\eta_a & 2\eta_b \cdot Y \end{bmatrix} \begin{bmatrix} t_1 \\ t_2 \end{bmatrix} = \begin{bmatrix} 2 \\ y-1 \end{bmatrix} \tag{10}$$

其中,$y = Y_0^b / Y_0^a (> 1)$。因此,可以得出

$$\frac{t_1^*}{t_2^*} = \frac{4\eta_b y + \eta_a (y-1)}{4\eta_a (y-1) + 2\eta_a} \tag{11}$$

因为 $t_2^* > t_1^*$,所以要求

$$4\eta_b y + \eta_a y - \eta_a < 4\eta_a y - 4\eta_a + 2\eta_a$$

或者 $\dfrac{\eta_b}{\eta_a} < \dfrac{3y-1}{4y}$ (12)

因为 $1 < y < \infty$,公式(12)要求 η_b / η_a 必须小于 $\dfrac{3}{4}$,或者 η_a 必须至少大于 η_b 的 $\dfrac{1}{3}$ 倍。

要注意的是,如果 η_a 比 η_b 大太多,那么税收最大化比例税会完全忽视 A,只征收 t_b^*,累进税制无论如何都具有"比例性"。也就是说,要求 $t^* < 1/\eta_a$。因为 $t = 1/\eta_a$ 时,A 就完全不用纳税了。

换言之,要求

$$\frac{Y_0^b + Y_0^a}{2\eta_a Y_0^a + 2\eta_b Y_0^b} < \frac{1}{\eta_a}$$

或者 $\dfrac{y+1}{2\eta_a + 2\eta_b y} < \dfrac{1}{\eta_a}$ （13）

即

$$\frac{\eta_b}{\eta_a} > \frac{y-1}{2y}$$

将公式(12)与公式(13)合并,可以规定对 η_a 和 η_b 的一般要求,即

$$\frac{3y-1}{4y} > \frac{\eta_b}{\eta_a} > \frac{y-1}{2y} \tag{14}$$

如果 y 约等于 1,那么 η_a 必须大于 η_b 的 2 倍。y 变大时,只需 η_a 大于 η_b 的 $\dfrac{1}{3}$ 倍,但小于 η_b 的 2 倍,因为这种税制会导致 A 无法获得应纳税收入。

然而,对于任何 y 值,都必须有一个 $\dfrac{\eta_b}{\eta_a}$ 值满足公式(14)。在 η_a 与 η_b 一定的相对值下,相比于比例税,累进税可以创造更多的税收。

有趣的是,将双重税率结构下出现的结果与累进税制下出现的结果进行对比分析。在累进税制下,边际税率是 Y_1 的线性函数。可以用图 3.4 中的直线 SM 来表示这种"线性"累进税。因此,在两人情况下产生的最大税收恰好是税收最大化比例税制下

产生的最大化税收的一半。在税收最大化比例税制下,向 A 和 B 征税的税率分别为 t_a^* 和 t_b^*。图 3.4 可以说明这种情况,从 B 征收的税收最多为 $\frac{1}{2}R_b^*$,从 A 征收的税收最多为 $\frac{1}{2}R_a^*$。

令这种"线性累进"税率结构下产生的税收为 R_L,那么可以得出

$$R_L \leqslant \frac{1}{2}(R_a^* + R_b^*) \tag{15}$$

令税收最大化统一比例税率结构下产生的税收为 R_p。已知可以将 B 视为与 A 相同,因此 R_p 必须大于或等于 $2R_a^*$。可以完全忽略 A,因此 R_p 必须至少等于 R_b^*。换言之,

$$R_p \geqslant max[2R_a^*, R_b^*] \tag{16}$$

假设 $2R_a^* \geqslant R_b^*$,那么

$$R_p \geqslant 2R_a^* \text{ 且 } R_L \leqslant \frac{1}{2}(R_a^* + 2R_a^*)$$

于是得出,

$$R_p \geqslant 2R_a^* \geqslant \frac{3}{2}R_a^* \geqslant R_L \tag{17}$$

如果 $R_b^* \geqslant 2R_a^*$,那么

$$R_p \geqslant R_b^* \text{ 且 } R_L \leqslant \frac{1}{2}\left(\frac{1}{2}R_b^* + R_b^*\right) = \frac{3}{4}R_b^* \leqslant R_p$$

在两人情况下,线性累进税所产生的税收无疑比税收最大化统一比例税产生的税收少得多。

第三章 限制税基与税率结构

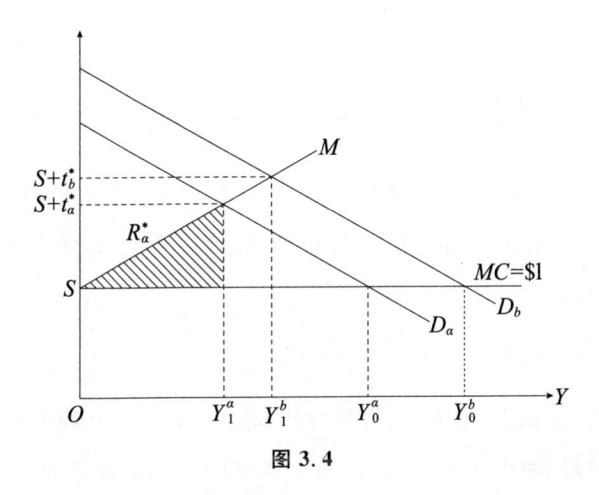

图 3.4

可以增加第三人 C,其中 $R_c^* > R_b^* > R_a^*$。那么,通过类推,

$$R_L \leqslant \frac{1}{2}(R_a^* + R_b^* + R_c^*)$$

且

$$R_p \geqslant max\,[3R_a^*, 2R_b^*, R_c^*]$$

令 $3R_a^* \geqslant 2R_b^* \geqslant R_c^*$,那么

$$R_L \leqslant \frac{1}{2}\left(R_a^* + \frac{3}{2}R_a^* + 3R_a^*\right) = \frac{11}{4}R_a^* < 3R_a^* < R_p$$

同样,如果 $R_c^* \geqslant 3R_a^*, 2R_b^*$,或者 $2R_b^* \geqslant 3R_a^*, R_c^*$,那么可以归纳出

$$R_L^n \leqslant R_p^n$$

其中,R_L^n 表示 n 位纳税人的线性累进税率。假设 $R_L^n < R_p^n$,[54]

那么

$$R_L^{n+1} \leqslant \frac{1}{2}\sum_{i=1}^{n+1} R_i^* < \frac{1}{2} R_p^n + \frac{1}{2} R_{n+1}^* \leqslant max[R_p^n, R_{n+1}^*]$$

因为 R_p^n 是合理的,所以 R_p^{n+1} 必须大于 R_p^n。我们可以忽略单个 $n+1$ 的情况。因为 R_{n+1}^* 是合理的,所以 R_p^{n+1} 必须大于 R_{n+1}^*。因此,得出

$$R_L^{n+1} \leqslant R_p^{n+1}$$

所以公式 $R_L^n \leqslant R_p^n$ 可以推导出 $R_L^{n+1} \leqslant R_p^{n+1}$。$n$ 等于 2 时结果为真,通过归纳,n 等于 3 时,对于所有的 n 而言结果都为真。因此"线性累进"税比税收最大化比例税所产生的税收少。

这里必须提及另外一种累进税,即第三章提到的递减累进税。将免税与统一比例税相结合的税制比税收最大化统一比例税所产生的税收少,因为从每个纳税人那里征收的税收更少了。

第四章　商品税

> 政府本身若不是对人性的最佳反映，那又会是什么呢？如果人人都是天使，那么就不需要政府了；如果是天使统治人，那么就没有必要对政府进行外部或内部控制。在组建人统治人的政府时，最大的困难在于：首先必须让政府能够控制被统治者，其次让被统治者控制自己。
>
> ——詹姆斯·麦迪逊，《联邦党人》第51篇，
> 《联邦党人文集》

我们在第三章研究的问题是，如何预期公民-纳税人在不清楚自身未来地位的情况下，在宪法上的替代性税基和税率结构中进行选择。第三章的分析可以直接应用于所得税。在本章中，我们运用本质上相同的分析框架来研究商品税。与第三章一样，本章将在完全从时间维度抽象出来的情况下进行分析。所有税种都是当前的税种，所有税率都是事先确定的，从而产生适当的行为响应。我们将在第五章和第六章中放宽时间维度的限制。

本章的目的有二。首先，根据我们的宪法情况以及对政府动机与行为的假设，我们希望研究与潜在的纳税人会选择的商品税安排有关的问题。由于纳税人的账目来源（收入）与用途（开支）方

面的行为响应存在方向相似性,因此,本章的许多结论会反映出第三章中的结论。这种对先前分析的不同重述本身是有必要的,但也是讨论另一个问题的跳板。这可以让我们实现第二个目的。我们在这里以及其他地方的讨论重点主要是具有适当约束性的税收工具的选择。但是,有多种税收工具同样具有约束性,政府充分利用这些税收工具时可以产生相同的最大税收。其中某些安排是否会受到潜在纳税人的青睐呢?"等额税收比较"的标准方法是否适用于产生同等最大税收的税收工具呢?具体而言,是否可以用超额税负因素来对这些税收工具进行排序?如果可以,那么这些因素如何更加普遍地评价替代性税收制度?是否能够决定在较小的超额税负与因过度开支而导致较大的福利损失之间进行"最优"权衡?要回答这些问题,要预测宪法契约中可能产生何种税收制度,必须评价实现所需约束的替代性手段。这部分讨论非常有启发性,可以让我们证明,我们的基本分析如何包含或可能包含标准的等额税收结构。

4.1 传统观点

开始讨论商品税的时候,有必要简要回顾一下传统学说的主要观点。这可以突出标准结论与在利维坦或类似利维坦政治过程模型中采用替代性宪法税收视角下得出的结论之间的差异。与传统税收文献中的其他方面一样,商品税分析的出发点是,假设要求政府必须征收固定的、外源决定的税收。鉴于这种固定税收要求,这里的问题是:应该如何征税才能使得福利损失最小化?如前所述,传统方法是尝试回答这一问题,而不考虑税收收入的用途。抛开这种分析的不足之处,传统观点关注的是不同商品税收安排的效率。与所得税分析相比,商品税分析较少强调平等或分配影响。标准所需的商品税问题很大程度上被视为最小化超额税负的问题,同时考虑横向公平(即避免基于品味或其他不相关因素的人与人之间的歧视)。纵向公平问题可能被忽略了。研究文献指出,对所有商品征收统一税和对具有比例税结构[1]的消费开支征收个人所得税是对等的。[1]而间接的税收分析仍然关注替代性税收安排的效率特性。

将相同的标准框架应用于商品税和所得税,会形成同类型和同向的政策建议。个人所得税的税基应该是广泛的,从而使得人与人之间(基于如何获得收入)不存在(或最低限度的)歧视。同样,商品税的税基也应该是广泛的,在理想情况下,对包括闲暇在内的所有"商品"征税,从而最大限度地减少人与人之间(基于如何使用收入)的歧视。在直接税情况下,无法对所有收入来源同等征税会导致效率损失,因为个人想要用生产率较低而税收相对较少的活动替代税收较高的活动,同样,在商品税情况下,无法对所有商品同等征税会导致消费效率损失。

在这两种情况下,或者说现行的税收分析传统中,一次性征税代表理想化的基准。考虑到一次性征税的不合理性或不现实性,实际问题必然成为次优选择中的一种选择。虽然对于个人所得税而言,假设"次优"安排通常被认为是合理的税基最广泛的个人所得税(或消费开支税),但是对于间接税而言,根据商品与闲暇的互补程度(对闲暇的补充性商品征收相对较高的税,对可高度替代闲暇的商品征收较低的税）利用不同的商品税税率是显而易见的。正如柯列特与汉格、哈伯格、勒纳以及多数"最优税收"理论研究文献所强调的那样，[2]可以制定一套不同的货物税，使其产生的福利损失或超额税负小于对所有直接应税商品（不包括闲暇）等额征税所产生的福利损失或超额税负。[3]通过一系列税收手段，固定征税更有效，而不是对所有应税商品征收相同的税率。其中，对每种商品征收的税率和该商品与未征税商品（比如闲暇）之间的可替代性程度（担保）有一定关系。[4]

4.2 税收选择

与我们讨论所得税一样，我们争论的不是传统观点的逻辑，而是提出问题的背景。一旦拒绝政治过程中隐含的"仁慈独裁者"概念，那么标准税收分析的作用就变成了为潜在的纳税人提供帮助。潜在的纳税人在宪法审议阶段被认为能够从政府可利用的替代性财政权力和工具中进行选择。然而，这种帮助不是以伦理道德准则的形式告诉个人在宪法选择情况下"应该"如何做。在多数情况下，宪法税收分析是有技术性的，旨在为理解预测替代性财政制度如何运行提供基础，也就是说，这是最终必须做出选择的基础。

根据税收最大化政府模型，有关商品税的隐含标准观点遵循了第三章的观点，但是与标准待遇中的观点截然相反。例如，一次性征税不能构成"效率"标准。在一次性征税情况下，个人能够预期的只是国库最大限度的剥削。根据几乎所有的需求预测，税收收入预计会大大超过为公共产品与服务开支融资的收入。同样，

第四章 商品税

最低限度改变的消费税(即与闲暇在可替代性上呈反比的税率)可以将最大税收限额提高到统一商品税所隐含的上限,可以使得总税收超过所需水平。实际上,应税商品的所有税率必须一致,这一限制可以成为限制利维坦政府财政胃口的一种手段。

在后文的分析中,我们为这些观点提供了分析依据。具体而言,我们主要处理两种问题。首先,商品税制度的其他限制形式对最大税收的影响是什么?其次,如果在产生同等最大税收的各种商品税中进行选择,哪种选择会更受青睐?

4.3 商品税的其他形式:税基的选择

无论是税基限制、税率结构限制、商品一致性要求还是个人或单位的一致性要求,我们都根据允许安排的限制,对要分析的其他形式的商品税进行分类。

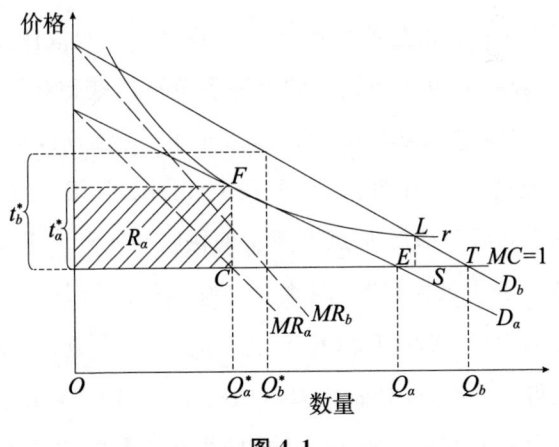

图 4.1

图 4.1 便于我们进行讨论。在图 4.1 中，D_a 和 D_b 分别代表两类可分割的私人商品 A 和 B 的总（市场）需求曲线。为解释方便，假设这些需求曲线是线性的，成本曲线是水平的，以反映不变的平均（和边际）成本。确定数量单位，从而使得初始边际成本（假设等于价格）为 1。

假设 A 和 B 代表赋予政府的唯一潜在税基。个人在潜在税基之间的宪法选择直接取决于为其在预算期所需的公共产品与服务融资的估计需求。在预算期，所选的税收规则仍旧有效。如果赋予政府对 A 征税的权力，根据利维坦假设，那么就可以最大化政府基于此税基所获得的税收。在分析上，对商品 A 征税的权力与赋予销售商品 A 的垄断特许权是相同的。如图 4.1 所示，最大税收出现在 Q_a^* 点，即边际税收曲线 MR_a 与边际成本曲线 NC 的交点。税收最大化税率为 t_a^*，税收收入为 $t_a^* Q_a^*$，由阴影面积表示。

从图 4.1 可以清楚地看到，如果用商品 B 的税取代商品 A 的税，那么以较低的税率和较小的超额税负可以获得相同的税收。令 r 为矩形双曲线，纵坐标和水平线 MC 作为坐标轴，令曲线 r 穿过 F 点。通过作图，在曲线 r 上每一个价格-数量组合所产生的税收（即"垄断利润"）都与 F 点上产生的税收相同。由于在 F 点可以从商品 A 获得最大税收，因此 r 必须在 F 点与 D_a 相切。再来看点 L，r 与 D_b 在该点相交（在 F 点右侧）。[5]在 L 点，对商品 A 征税可以获得最大税收，对商品 B 征收税率 LS 同样可以获得最大税收。对商品 B 征收此税率所产生的福利损失为 LST，小于对商品 A 征收此税率所产生的福利损失 FCE。因此,似乎出现了要求税基更加广泛的传统效率或福利观点。

然而,根据我们的政府行为假设,政府显然不会对商品 B 征收税率 LS。如果允许政府利用商品 B 的税基,而没有附加的税率限制,那么这种变化可以确保政府增加可挪用的税收。政府可以对商品 B 征收此税率来获得最大税收。图 4.1 中的 t_b^* Q_b^* 表示这种最大税收,其中 MR_b 和 MC 相交得出 Q_b^*,t_b^* 表示在 Q_b^* 点 MC 之上的需求价格部分。在这些条件下,对商品 B 征收此税率比对商品 A 征收此税率所产生的超额税负大。根据比例税结构和线性需求曲线的假设,[6] 税收最大化征税产生的超额税负恰恰是最大税收的一半。用简单几何就能证明这一点。需要注意的是,在线性情况下,边际税收曲线恰好位于需求曲线与垂直轴的中间。在图 4.1 中,Q_a^* 恰好为 Q_a 的 $\frac{1}{2}$;三角形 CEF 的面积为 $\frac{1}{2}(t_a^* \cdot CE)$,因为 CE 等于 Q_a^*,所以福利损失三角形 CEF 为 $\frac{1}{2}(t_a^* Q_a^*)$,或最大税收的 $\frac{1}{2}$。同样,因为 Q_b^* 恰好为 Q_b 的 $\frac{1}{2}$,所以向商品 B 征收税收最大化税率所产生的福利损失为 $\frac{1}{2} t_b^* \cdot (Q_b - Q_b^*)$ 或者 $\frac{1}{2}(t_b^* Q_b^*)$。因此,可以得出结论,替代税产生的超额税负比率与税收最大化收益比率相同。如果对商品 B 征税产生的税收大于对商品 A 征税所产生的税收,那么获得最大税收的同时也会产生更大的超额税负。

这一结论的必然结果是,如果我们在比例税结构下比较具有同等最大税收的两种税,那么这两种税会产生相同的超额税负(鉴

图 4.2

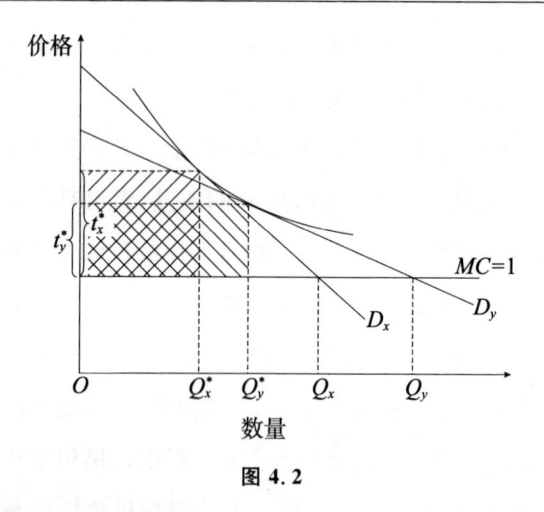

于一定的线性假设)。以商品税基 X 为例。商品税基 X 产生的最大税收与税基 Y 产生的最大税收相同。可能存在任意数量的此类税基,但是直接比较其中任何两种税基都足以证明这一点。在图 4.2 中,令 D_x 和 D_y 为这些替代税基商品的总需求曲线。最大税收税率可以产生相同的税收。这些解代表矩形双曲线 r 上不同的点。是否会因为产生的超额税负较低而倾向于其中任何一种税呢? 因为两种税可以产生相同的最大税收,并且在两种情况下税收最大化税率所产生的福利损失是最大税收的一半,所以超额税负和最大税收是相同的。换言之,如果对征收相同最大税收的比例税进行比较,那么根据超额税负理由,就不会偏好任何一种税。按照传统方式衡量的话,最大税收本身就会变成超额税负的充分指标。[7]

另外一个必然结果是,如果比较税前规模相同但需求弹性不同的两种税基,那么需求弹性低的税基会产生较大的超额税负,因为它会产生更高的最大税收。可以用类似图 3.3 的图来描述,用商品的需求曲线替代人的需求曲线。这一结果与用传统的等额税收方法得出的结果截然相反,传统的等额税收方法使得超额税负与弹性直接相关。

如果在利维坦情况下,通过比较超额税负得出的广泛税基不存在偏好(而是相反),那么可以在税基广泛的税种与税基狭窄的税种之间进行选择,例如在图 4.1 中,在对 A 征税和对 B 征税之间进行选择,这仅仅取决于公民预期所需的公共产品供应水平。这种预期所需的公共产品供应水平又取决于预期的公共产品需求和提供这些公共产品的总成本。

首先以总成本为例。总成本包括三部分,如图 4.3 所示。第一部分是生产 G 的体力成本,用 MC_g 表示。方便起见,假设体力成本不变。第二部分是利维坦政府挪用一部分税收用作纯盈余的额外成本,即 $1-\alpha$。如果在每一美元的税收中,只有 100α 美分用于公共产品开支,那么 1 美元 G 的总税收成本为 $\frac{1}{\alpha}$ 美元。如果政府在供应 G 上仅开支每一税收美元的一半,那么每一美元 G 会让纳税人缴纳 2 美元的税。这种"α 效应"将 G 的每单位成本提高到 $\frac{1}{\alpha}MC_g$,如图 4.3 所示。第三部分是税收本身产生的超额税负,这也是真正的成本。如上所述,根据线性需求计划和不变成本,同时征收最大税收水平的比例税,这种超额税负恰好是最大税收的一半。如图 4.3 所示,每一美元 G 的总成本将是 $\frac{3}{2}\cdot\frac{1}{\alpha}MC_g$。

74　　征税的权力

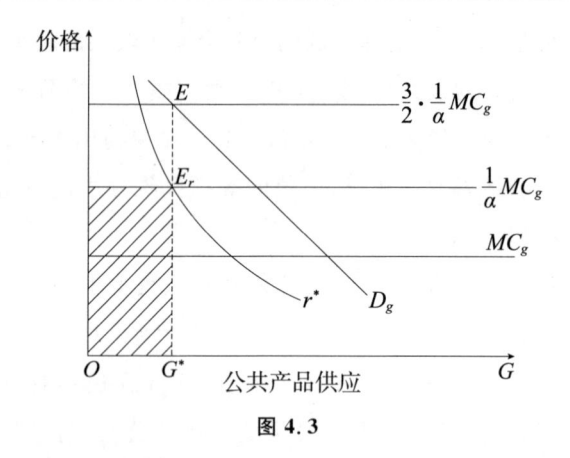

图 4.3

鉴于这种总成本,可以通过典型公民对其公共产品需求的宪法预测,来决定所需 G 的水平。这里要强调的是,不必要求所有人对公共产品都有相同的预期需求。虽然在严格的"无知之幕"情况下这种假设并非特别不合理:每个人对其未来品味与收入水平完全不确定时,我们可以预期所有人对 G 的公共开支的预期需求大体相同。这里,关注单个典型公民的计算就够了。在公民对 G 不同预期需求的情况下,公民之间就利维坦政府的税收分配问题达成宪法一致时会出现其他问题,对这些问题进行分析会让我们的讨论复杂化,偏离我们的主要目的。

我们用图 4.3 中的 D_g 来表示典型公民对 G 的预期需求。这一需求曲线穿过总边际成本线 $\frac{3}{2} \cdot \frac{1}{\alpha} MC_g$,得出 G 的预期水平,用 G^* 表示。产生这一预期水平 G^* 所需的税收水平为 $\frac{1}{\alpha} MC \cdot G^*$,因为 $MC \cdot G^*$ 是产生 G^* 的体力成本,α 是利维坦政府用于 G 开支的税收比例。这种税收水平可以用图 4.3 中的阴影长方形来表

第四章 商品税

示。过点 E_r 画一条矩形双曲线,用 r^* 来表示,该曲线表示所需的最大税收水平。

这种图解的优点在于,我们可以在单一图表上以简洁明了的方式来表示公民对公共产品需求之间的相互关系,生产这些公共产品的体力成本,用参数 α 表示产生利维坦盈余的"剥削"维度,税制所产生的超额税负[8]以及宪法允许利维坦政府利用的所需(最大)潜在税收水平。

因为我们对税收工具的宪法选择感兴趣,所以直接聚焦该问题。我们在选择适当的商品税税基的过程中,希望选择的税基在充分利用其最大税收潜力时可以创造产生 G^* 所需的税收(即 r^* 下方的矩形对向的税收水平)。假设税基 A 可以实现这一点。换言之,假设图 4.3 中 r^* 表示的税收水平与图 4.1 中 r 表示的税收水平完全相同。在几何上,这要求如果图 4.3 叠加在图 4.1 上,图 4.3 的横坐标位于图 4.1 中的直线 MC 上,图 4.3 与图 4.1 的纵坐标共线,那么 r 与 r^* 会重合。如果使用了税基 A,那么扩大税基 A 就会不合理。鉴于图 4.3 所示的 α 和 MC_g 的特定值,这种广泛的税基会导致税收收入和公共产品的供应水平高于公民-纳税人的预期。例如,选择税基 B 所产生的税收收入水平会高于 r^* 所示的税收收入水平,相应的 G 的水平也会高于 G^*,让公民一直预测政府在后宪法时期的过度剥削,在税制中会造成不必要的高福利损失。但凡可以产生与对 A 征税所得的税收相同的税基,对于 A 而言都可以接受。在产生相同的最大税收的税收选择中,公民-纳税人确实不关心。

这里的讨论可以概括为两点:首先,在商品税情况下更加广泛的税基不完全合理,但超出某种程度就绝对不合理了。其次,超额税负随着最大税收而直接地线性变化,以至于可以产生同等最大税收的税种在应用最大税收税率时会产生相同的超额税负。应用最大税收税率时,产生更高的最大税收的税种会产生更大的超额税负。为利维坦政府制定税收宪法时,税基限制成为合法的工具。虽然税基广泛的税收制度的一般观点是典型的传统分析,但是无法从本书税收制度假设的其他视角去证实这种一般观点。

4.4 商品税的一致性

假设在维持第4.3节基本假设的前提下,对商品 A 或 B 征税所得的最大税收不足以提供后宪法序列中预期所需的公共产品供应水平。随之而来的问题就是,如何授权政府对商品 A 和 B 征税,以获得所需的税收。如果假设每种商品的税率无法提前设定,那么就有可能出现两种税率结构。可以限制政府对商品 A 和 B 设定相同的税率,或者允许政府对商品 A 和 B 分别设定税率。换言之,可以允许利维坦政府利用"统一的"销售税,该税税基包括商品 A 和 B,或者允许政府应用一套差别消费税,税率由政府自己决定。

在后一种情况下,假设 A 和 B 是众多商品中的两种商品,彼此互不补充或替代,商品 A 的价格变化并不会直接影响商品 B 的价格,反之亦然。在这种情况下,显然最大税收的利维坦政府会将商品 A 的税率设定为 t_a^*,将商品 B 的税率设定为 t_b^*,如图4.4所示。

相比之下,如果限制政府对两种商品设定统一税率,那么必须综合需求曲线,以描述其最大税收解。在图4.4中,两种商品的数

第四章 商品税

量单位在美元价值维度上进行了标准化,这有利于综合异类商品的需求曲线。我们可以将这两种商品的需求曲线水平相加,得到曲线 D_{ab},如图 4.4 所示。鉴于税率统一的限制,政府会设定税率,以产生与总需求曲线相关的边际收益曲线和边际成本曲线相交所决定的数量。此解在图 4.4 中以数量 $\frac{1}{2}(Q_a+Q_b)$ 来表示,对两种商品统一征收的税率为 t^*。根据线性需求与不变的边际成本曲线假设,两种商品的总量在税率一致性与税率差异之间保持不变。因为 Q_a^* 为 $\frac{1}{2}Q_a$(差别税率下商品 A 的量),Q_b^* 为 $\frac{1}{2}Q_b$(差别税率下商品 B 的量),所以总量是 $\frac{1}{2}(Q_a+Q_b)$。然而,这一数量与非差别解中出现的数量相同。考虑到 $t_b^* > t_a^*$,与统一税率解相比,差别税率解中商品 B 的量会更小,而差别税率解中商品 A 的量更大。在差别税率解中,税收最大化统一税率 t^* 介于两种不同的税收最大化税率 t_a^* 与 t_b^* 之间。

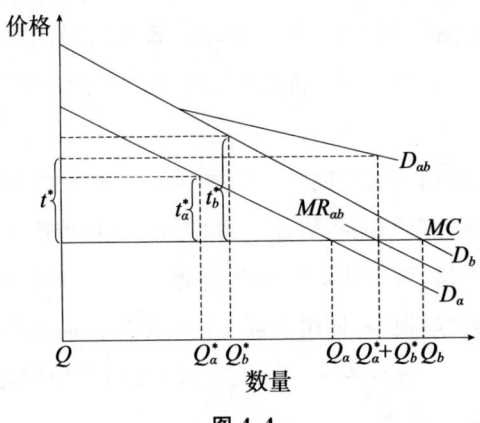

图 4.4

只要对这两种商品的需求弹性不同,并且能从统一税率解中的两种商品中获得正税收,那么对政府而言,相比于统一税率,在差别税率情况下获得的最大税收会更高。因此,根据先前的分析,统一税率比不同税收最大化税率产生的超额税负低。当然,这些结果并不陌生,一旦承认赋予商品征税权与垄断特许权之间的相似性,这些结果就显而易见了。对不同商品设定统一税率的要求恰恰类似于防止垄断价格对市场各环节的歧视。[9]

有趣的是,这方面的分析与这里的最优税收文献存在密切联系。如果按照我们的模型重新解释的话,所谓的"最优税收"文献为政府就如何以最有效的方式充分行使征税权提供了具体的说明。这种分析准确地提供了税收或价格规则,会让垄断者差别对待市场。[10]因此,最优税收规则就是最大税收或最大利润原则。这种相似性显而易见,但是据我们所知,并未引起特别关注。

可以肯定的是,我们所运用的图表分析非常不完整,即没有考虑到对商品 A 的需求与商品 B 的价格的相互影响,反之亦然。因此可以说,我们的分析与采用一般均衡框架的最优税收文献几乎没有关系。然而,可以将前面的讨论扩展到一般均衡的情况,见本章附录。

在本节,我们将对不同商品的差别税率视为"歧视",部分是为了强调与歧视性垄断的相似性。对"美元价值"维度上不同商品的数量单位标准化,可以让该图更为合理。但是,我们要承认,经济学家并不会将"歧视"一词用于可观察的不同商品税基的相对税收待遇。因此,可以改变本节的语言表述,遵照常规用法,只提及统一税率和非统一税率。

这里可能还会引用一种观点来支持这种传统话语,这种观点与我们后几节的分析有关。根据传统价格理论可知,私人垄断公司发现由于转售延迟的前景,很难差别对待消费者或单位。然而,即使数量单位根据美元成本标准化,营销两种不同商品的垄断公司也很容易设定不同的价格。在考虑政府所征税商品之间的不同税率时,我们正在分析与第二种情况下的垄断公司相似的情况。相比之下,分析人与人之间或各种单位商品上的税率差异的前景时,我们可以直接考察与各种歧视性垄断相似的情况。

4.5 个人税率的一致性

原则上,最优税收建议会扩展到不同人的差别待遇情况。正如第三章中图 3.3 所表示的那样,图 4.4 中的简单部分均衡图是适用的。[11] 将图 4.4 中的 D_a 和 D_b 重新解释为两个人对某应税商品 X 的需求曲线,将 D_a 重新解释为由这两个人组成的市场的总需求。因此,可以得出如下结果:

1. 在与最优税收方法一致的情况下,通过适当的差别税收模式(即纳税人 B 的税率高于纳税人 A 的税率),可以以较小的福利损失获得既定水平的税收 R。

2. 同样且出于完全相同的原因,使用这种差别税收模式时,最大税收潜力会增加。

3. 如果充分利用最大税收潜力,那么允许个人之间差别对待时福利损失会更大。

与个人所得税情况一样,人与人之间不存在基于不同品味的差别待遇,这种限制(作为传统横向公平准则的一方面)是可以理解的,在这种情况下可以解释为对利维坦政府税收能力的限制。

我们认为,这种纳税人之间的差别税率"原则上"有可能存在,如果加以利用,那么这种差别会产生相对的结果。因为庞大的或垄断的利维坦政府很难弥合"理论"与"实践"之间的鸿沟,所以这种分析要求此处提及的限制。具体而言,适用于所得税(第三章)的分析与适用于商品税(第四章)的分析不同。个人必须独自赚取收入,不能轻易地制定让别人代其赚取收入的安排。相反,个人不需要直接购买商品,可以消费别人为其购买的商品。人与人之间在商品税率(以及购买价格)上的差别极大地刺激了这种间接"购买"。对于普通商品,尤其是购买后不会马上消费的商品,无法实行不同人之间的差别税率。实际上,有效的商品税率可能会是对社会中任何人征收的最低税率,对所有人而言这个人成了直接的购买者。对终端消费征税而不是商品购买征税可能会允许差别税率,但即使对于垄断政府而言,监督成本也会高得让人难以接受。从某种意义上讲,人与人之间的差别税率分析更多是一种智力活动,而不是一种相对可能的方法。这种做法本身的优势在于,可以将传统价格理论中的垄断政府与垄断公司之间的直接类比进行扩展。有效差别的制度障碍在这两种情况下是相同的。

4.6 利用税率结构差别对待

我们可以进一步扩展征税权与垄断特许权之间的相似性。如

第四章 商品税

果对 X 的征税能力与按照垄断价格销售 X 的能力相同，那么对于利维坦而言，所有可能情况中最好的情况就是，可以设置税率以反映完全差别的垄断者的价格体系。在这两种情况下，理想的目标是挪用每位消费者的全部消费盈余。为了便于分析，让我们忽视上面提到的实际困难，思考下面两个问题：

1. 在我们的宪法选择模型中，在个人的购买机会内，个人之间的完全差别含义是什么？应税商品单位上的完全差别含义是什么？

2. 如果允许商品单位上有差别，而个人之间无差别，情况会怎样？

"完全差别"税制。我们起初考虑的是一种简单的两人情况，其中政府有权对某种商品 X 征税。假设这种商品的生产成本不变。两人对商品 X 的边际评估分别表示为图 4.5 中的 D_I 和 D_{II}。根据完全差别税，每个人都会面临不同的累退税率结构，该结构描绘了其边际评估曲线。制定购买-报价明细表，让每个人有足够的消费者盈余进行购买，直到实现边际评估等于边际价格为止。这种边际评估将等于边际成本。例如，对于 I 而言，税率结构以略低于商品 X 第一个单位的税率 AK 开始，该税率随着 X 消费的增加而线性下降，直至税率在 Q_I 点为 0。同样，对于 II 而言，税率结构以略低于 II 购买 X 第一单位的税率 AJ 开始，该税率随着 X 消费的增加而线性下降，直至税率在 Q_{II} 点为 0。X 的总需求曲线下的面积为总税收，这部分阴影面积是根据总"平均税收"计划得出，在图 4.5 中用 AR_x 表示。无需超额税负，就可以获得这部分税收。[13]

图 4.5

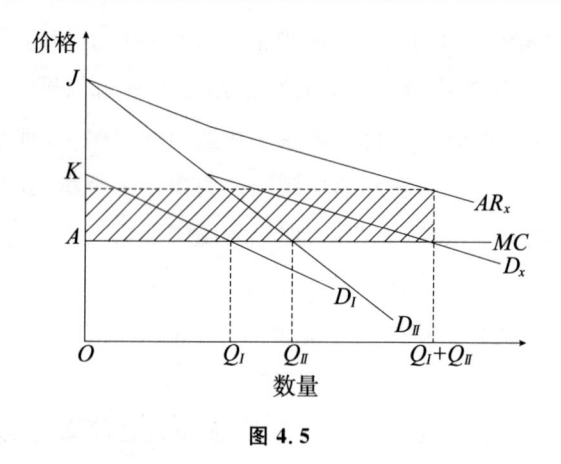

考虑到这种模型的理想范围,税率差别与超额税负之间的关系值得研究。

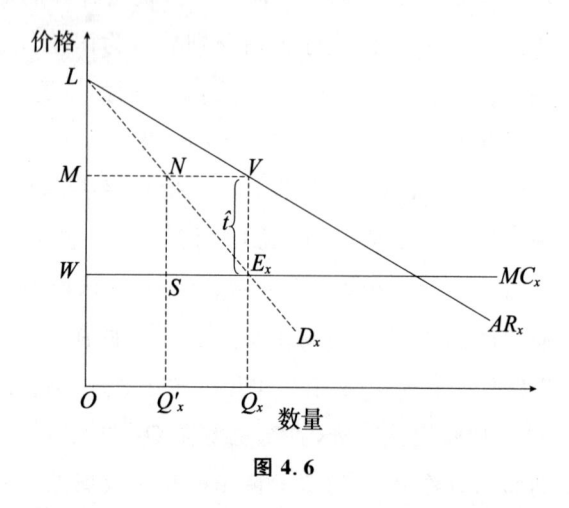

图 4.6

为此,我们可以提出以下问题:如果在对 X 征收统一比例税的情况下,税收水平恰好为所需水平,那么我们能否确定通过这种税率结构允许差别是不可取的？对于目前所考虑的其他形式的差别，答案很明确：差别税率会增加最大税收，增加超额税负，使得公共开支水平超出所需水平。在这种情况下，差别涉及对购买商品不同数量的税率差别，但是结论不明确。在线性情况下，统一比例税转变为完全差别累退税，会使得从个人那里征收的税收增加一倍，从而获得总税收。这让每位公民-纳税人承担的成本仅增加三分之一（再次假设应税商品的线性需求曲线）。这些观点可以用图4.6来说明。在统一的非差别税情况下，从 X 所得的税收为 $MNSW$ 的面积，表示为 $\hat{t}Q'_x$。根据这种税制，个人拥有的净消费者盈余，用三角形 LMN 表示。采用差别税制的话，总收入为三角形 LWE_x 的面积，因为所有的消费者盈余都会被政府以税收的方式挪用。现在，三角形 LMN 与三角形 LWE_x 全等，因为 MN 等于 WS，而 WS 等于 SE_x（即 Q'_x 是 $\frac{1}{2}Q_x$），MN 与 SE_x 平行。此外，已知三角形 NWE_x 的面积是 $MNSW$ 面积的 $\frac{1}{2}$，所以三角形 LWE_x 的面积是 $MNSW$ 面积的 2 倍：在完全差别税制中税收是两倍之多。三角形 LMN 的面积是 MNE_xW 面积的 $\frac{1}{3}$，因此可以得出结论，在统一比例税转变为完全差别税率的过程中，总税收（与公共产品供应水平）会翻一番，总成本增加 $\frac{1}{3}$。对于公民而言，公共产品供应的每单位成本明显降低了。

已知 $G_d = \dfrac{aR_d}{MC_g}$，所以 $\dfrac{\alpha(2R_p)}{MC_g} = 2G_p$ \hfill (1)

其中，G 表示公共产品供应水平，R 表示政府所得的税收水平，下标 d 和 p 分别表示完全差别结果和统一结果。

$$而且\ C_d = \frac{4}{3} C_p \tag{2}$$

其中，C 表示公民的总成本，等于超额税负和税收的总和。

因此，平均成本，即每单位公共产品的成本，在这种简单模型中等于边际成本，但是在两种情况下有所不同。

$$\frac{C_d}{G_d} = \frac{\frac{4}{3} C_p}{2 G_p} = \frac{2}{3}\left(\frac{C_p}{G_p}\right) \tag{3}$$

完全差别税使得每单位公共产品供应成本降低了 $\frac{1}{3}$。

简言之，完全差别税既提高了公共产品供应水平，又降低了每单位公共产品供应的成本。要确定公民-纳税人愿意选择完全差别税还是具有相同税基的统一比例税，就必须分析他对自己所得的附加单位公共产品供应赋予的价值。可以用图 4.7 做简单分析。在图 4.7 中，根据统一比例税率结构，从税基 X 获得的税收用 r_x 表示，相应的公共产品供应水平用 G_x 表示。其中，r_x 与水平线 $\left(\frac{1}{\alpha}\right) MC_g$ 相交。这种开支水平的总边际成本（包括超额税负）为 $\frac{3}{2} \cdot \left(\frac{1}{\alpha}\right) MC_g$。公民-纳税人对 G 的预期需求 D_g 与该总边际成本线相交，为 G 的所需水平，用 G^* 表示。假设根据统一比例税率结构，X 是合理的税基。G_x 和 G^* 表示相同的公共产品供应水平。在此基础上绘制图 4.7。

第四章 商品税

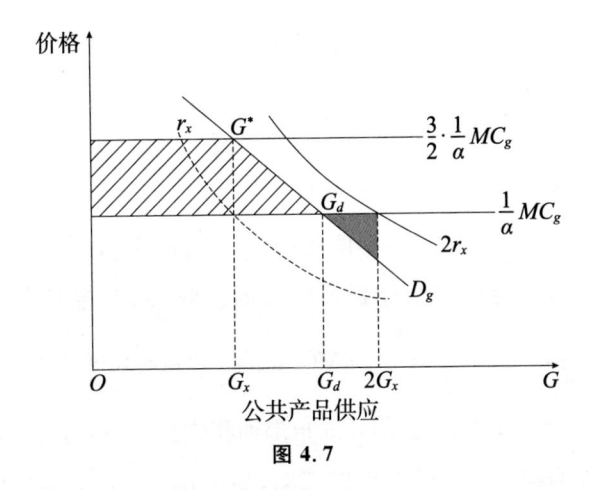

[图 4.7 公共产品供应]

图 4.7

因此，税基 X 与简单的比例税率结构相结合，似乎代表了宪法上最优的"财政规则"。然而，假设现在允许对 X 征收完全差别税，那么收入会增加一倍，公共产品产量会增加到 $2G_x$（曲线 $2r_x$ 与 $(\frac{1}{\alpha})MC_g$ 的交点）。现在的相关成本曲线低于以前，是 $(\frac{1}{\alpha})MC_g$，而不是 $\frac{3}{2}(\frac{1}{\alpha})MC_g$，因为该税不包括超额税负。我们发现，这表示从上述得出的每单位成本了减少三分之一。因为成本较低，所以在完全差别税制下 G 的所需水平会相应变高，即 D_g 与新边际成本曲线的交点，用图 4.7 中的 G_d 表示。根据 D_g 的弹性（或斜率），点 G_d 在 $2G_x$ 的右侧或左侧。实际上，如果在 G^* 点需求评估的点弹性绝对值大于3，点 G_d 会在 $2G_x$ 的右侧。如果 G_d 和 $2G_x$ 一致，那么可以得出弹性 η

$$\eta = -\frac{\Delta q}{q} \cdot \frac{p}{\Delta p}$$

$$= \frac{2G_x - G_x}{G_x} \cdot \frac{\frac{3}{2} \cdot (\frac{1}{\alpha}) MC_g}{\frac{1}{2} \cdot (\frac{1}{\alpha}) MC_g}$$

$$= 3$$

然而,如图 4.7 所示,即使点 G_d 在 $2G_x$ 的左侧,完全差别税仍会更受青睐。转向完全差别税所得的税收为 D_g 左侧的阴影面积,介于 $\frac{3}{2}(\frac{1}{\alpha})MC_g$ 与 $(\frac{1}{\alpha})MC_g$ 之间,必须与位于点 G_d 和 $(\frac{1}{\alpha})MC_g$ 下方点 $2G_x$ 之间的阴影三角形面积进行比较,这是政府过度开支造成的损失。实际上可以证明,如果在 G^* 点的需求点弹性大于 $\frac{3}{4}$,那么人们会偏好完全差别税。

在整个分析过程中,必须谨慎,避免混淆纳税人对公共产品 G 的预期需求与他对税基商品 A,B 或 X 的预期需求(在我们的讨论以及如图 4.1,4.2,4.4,4.5,4.7 和 4.8 所示的情况下)。只有图 4.3 和 4.7 以及相关讨论针对的是所述公共产品的需求计划。在上述讨论中,完全差别税可以消除在购买和使用税基商品 X 时的全部潜在消费者盈余。但是降低公共产品 G 的有效成本价格,在向对商品 X 征税时消除所有超额税负,可以增加购买和使用公共产品 G 时的消费者盈余。根据合理的相对弹性系数值,可以理解公民-纳税人可能偏好差别税收方案而不是非差别税收方案。

在这方面,我们发现,价格理论中的垄断公司模型与"利维坦作为征税者"模型有显著区别。在垄断公司模型中,类似于 α 的有效值为 0,即没有将消费者视为垄断者获取利益中的部分利益受

第四章 商品税

益者，因此消费者将这类收益的增量部分赋值为 0。消费者从来没有自愿放弃从简单垄断到歧视性垄断所产生的净盈余。在利维坦模型中，纳税人的确会对垄断税收的增量部分赋予一定的正值，因为其中的某一比例 α 会用于纳税人重视的物品（公共产品）开支。如果要赋予政府征税权，参数 α 必须取正值。

有趣的是，除了参数 α 必为正值的要求，其值在前面的分析中根本没有任何直接作用：一切都取决于公共产品需求曲线的弹性。在某些方面，这种结果有点令人惊讶，因为这好像意味着从统一比例税收转向完全差别税收所产生的税收增量部分与用于公共产品开支的税收比例无关。然而，这种异常情况可以通过以下事实来解释：参数 α 对 G 的增量单位的值和其他比例税制下最初允许的单位产生了相似的影响。参数 α 影响这种计算时，它的确会以一种让人惊讶的方式间接影响这种计算。在其他条件均同的情况下，参数 α 越小，价格越高，从而 G 的数量越小。接近这一数量时会增加公共产品的供应。可以合理假设，与线性需求曲线的情况一样，在此范围内的需求弹性会更大。因此，用于公共产品开支的税收比例越小，公民就越希望比例税率结构向无差别税率结构的转变可以增加税收。

本节的分析结果与先前其他差别形式情况下的分析结果形成了鲜明的对比。如果个人之间或商品之间存在差别，而在单位上没有差别（比如说要求比例税率结构的原因），那么超额税负与最大税收直接相关，仅依据最大税收比较就可以对其他税基进行比较。一旦允许单位上有差别，那么超额税负问题就很难理解了。如果税率结构从比例性转变为累退性可以税收增加，那么初始税收收入"适当"时最大税收收入的增加确实是可取的。

同样,对税率结构(例如要求累进或取消累退)加以限制所产生的税收"过多"时,税收减少不可能被认定是合理的。

有必要强调一下这些分析结果的另一方面。显然,个人在宪法上偏好完全差别税制,而不是产生相同税收收入的比例税制。例如,在图 4.6 中,假设存在某种潜在税基 Y,其需求曲线与 AR_x 一致。对 Y 征收比例税和对 X 征收完全差别税可以产生相同的最大税收,但是就放弃的盈余而言,这么做的成本将增加 50%。

正如之前讨论纳税人之间的税率差别而非数量差别一样,不应该过度强调整个分析的实际意义。出于上述提到的相同原因以及其他原因,无法在数量上对普通商品实行有效的差别税率。即使可以阻止间接购买的人际贸易,贮藏的前景仍可以让单个购买者充分利用理想的差别税率结构给纳税人带来的数量折扣。对所购数量实行强制且有效差别的可能性仅局限于不可贮藏的商品。

对个人实行统一比例税,对商品单位实行差别税。为了结束本节的讨论,简要分析一下个人之间待遇一致,但允许累退税率结构的情况。我们会将这种情况概念化为一种情况,即宪法-法律规则规定人人待遇一致,但只要所有人面临相同的"报价计划",那么就可以对商品单位实行差别税。因此,什么样的税率结构会产生最大税收呢?要回答这个问题,请看图 4.8。再次以简单的两人情况为例,D_I 和 D_{II} 分别表示个人 I 和个人 II 对商品 X 的需求曲线。在 I 和 II 待遇相同的约束条件下(即他们必须面临相同的税率结构),因为 D_I 包含在整个 D_{II} 中,所以可以将 II 视为"好像"他对商品 X 的需求曲线为 D_I,同样,可以将 I 视为"好像"他对商品

X 的需求曲线为 D_{II}。因此,新曲线 R_I 与 MC 之间的面积表示从一种基于 D_I 的完全差别税率结构中获得的税收。绘制 R_I,确保 R_I 与 MC 的垂直距离是 D_I 与 MC 的垂直距离的两倍。D_{II} 以下、MC 以上的面积表示从一种基于 D_{II} 的完全差别税率结构中获得的税收。沿着 D_{II} 实行理想的差别税率结构可以将 I 完全排除在市场之外。如果税收最大化的利维坦政府限于这两种选择,那么它会根据税收收入来做出选择。

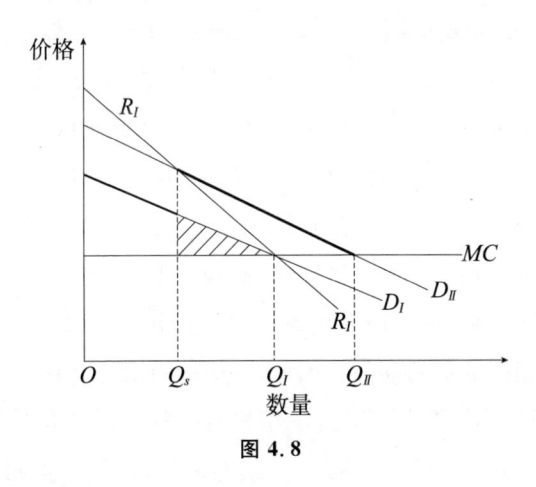

图 4.8

然而,政府一般不会发现,专注于一条或另一条需求曲线就是税收最大化。在这里,重要的是结合了曲线 R_I 与曲线 D_{II} 的上方"包线"。达到数量水平 Q_S(即 R_I 与 D_{II} 的交点)时,根据 D_I 定价可以获得更多的税收。超过数量水平 Q_S 时,如果按照 D_{II} 定价,且政府征收的税率使个人 II 购买了额外单位的商品X,那么税收就会增加。以超过数量水平 Q_S 的产量单位为例。如果政府根据 D_I 征税,那么边际税收将会是 R_I,在此区间低于按照 D_{II} 征税所产生的边际税收。图 4.8 中的粗线表示这种税率结构。从 D_I 到 Q_S，然后是 D_{II}。因此，在 O 到 Q_S 和 Q_S 到 Q_{II} 的范围内都是"累退的"，但是在 Q_S 点的税率会突然间断地跳升。

就每一美元税收产生的超额税负而言，有必要将此方案中的福利损失与其他差别税率方案（针对商品或个人）中的福利损失进行比较。我们可以很容易地证明，这里的超额税负实际上较小。这会让人想起，根据最大化税收假设，在不允许从数量到个人的差别情况下，超额税负实际上是最大化税收的一半。但是，这种差别是允许的。对于个人 I，在 D_I 下方，且在 Q_S 与 Q_I 之间的阴影面积为超额税负（如图 4.8 所示）。因为 R_I 在此区间位于 D_I 之上 D_{II} 之下，所以这种超额税负小于此区间（从 Q_S 到 Q_I）内个人 II 获得的税收的一半。因为与这种情况相比，可以增加更多的税收，所以超额税负必须小于整个区间（O 到 Q_{II}）税收的一半。个人 II 身上没有超额税负，因为他在假设的税率结构下以及无税市场方案下购买了相同数量的商品。因此，一般的结论是，根据最大化税收假设，通过适当"累退的"[14]税率结构对应税商品单位实行差别税率比完全无差别税率"更高效地"获得税收（即每一美元税收所产生的较小福利损失）。在产品单位无差别的情况下，商品和个人之间的差别并未体现出这种特性。在每个人面临的税率结构内，这种差别"高效性"优势不取决于是否存在其他差别形式。

这里与上述分析的完全差别累退税率结构所得出的结论相同。在宪法计算中，统一比例税取决于通过适当选择的税率结构获得同等最大税收的税种。这种税率结构在单位上递减，但在个人之间是统一的，适用于较小的税基。在后一种情况下，预期的税收水平会更高,因为超额税负越低,公共产品的总成本就越低。即使第二种情况下的税收高于第一种情况下的税收,在统一比例税率结构下征税"过多"的税种,也可能在统一"累退税率"结构下征税"太少"。

4.7 结论

某种程度上,本章在比较税收分析,尤其是商品税分析中,将许多尚未处理的枝节问题整合在了一起。在比较分析框架内,我们可以分析自己建构的显性利维坦模型和传统税收理论中隐性的仁慈专制模型,这必然会使得分析更为复杂,或许更有理由简单阐述这些基本观点。除了与传统的税收分析进行比较,在利维坦模型假设下分析商品税,本质上是对第三章中所得税的相同分析逻辑的扩展。主张税基限制并反对税基综合性的标准观点,在这两种不同的财政制度中是相同的。相较于主张不同商品税基之间理想化的税率差别的观点,主张不同收入来源之间理想化的税率差别的观点不为人所知,主要是因为平等问题可以直接归入所得税分析。然而,转向利维坦政府模型导致标准观点发生的显著变化同样适用于这两种情况。人与人之间的所得税待遇一致要求和商品税收统一税率要求成了限制政府财政胃口的工具。从纳税人真正的宪法角度来看,这些工具是相对"高效的"。

本章的比较分析还有其他优势。这种比较分析让我们能够证明传统税收理论的等额税收情况如何转变为利维坦政府模型中有效的分析工具。利用两种工具产生最大税收,为政府提供等额税收收入时，传统的超额税负准则就应运而生了。但是，分析表明，最大税收与超额税负之间存在直接关系。根据标准的线性假设、同等最大税收会产生同等超额税负。允许偏离这种线性假设会改变这种准确的关系，但是这种复杂性无法削弱我们的分析中的基本观点。

与第三章一样，第四章的讨论可以解释为一系列应用价格理论的练习。如前所述，赋予对商品税基征税的权力类似于赋予商品销售的垄断特许权。价格理论分析简单的垄断，继而分析有可能对市场或个人之间，以及对数量上实行不同程度的价格差别并有利可图的垄断。本章的分析表明，本质上相同的逻辑可以应用于征税权，如果合理解释的话，其结果也基本相同。

附录

附录旨在将第4.4节的分析扩展到一种简化的、与现代最优税收文献保持一致的一般均衡方法。以哈伯格[15]提供的一种更简单、更熟悉的讨论为例。哈伯格推导的税收规则是为了在三种商品情况下，鉴于税收限制，降低消费税体系中的福利损失。在三种商品情况下，有一种商品（可能是闲暇）是免税的。令 X_1，X_2 和 X_3 是这三种商品。根据哈伯格的公式，假设 X_3 是免税商品-闲暇。于是，分别对应于税收 t_1 和 t_2 的商品 X_1 和 X_2 中的变化分别为

$$\Delta X_1 = \frac{\delta X_1}{\delta p_1} t_1 + \frac{\delta X_1}{\delta p_2} t_2 \tag{1}$$

$$\Delta X_2 = \frac{\delta X_2}{\delta p_1} t_1 + \frac{\delta X_2}{\delta p_2} t_2 \tag{2}$$

其中,选择商品 X_1 和 X_2 的单位,使初始价格统一。用下列公式表示福利损失。

$$W = \frac{1}{2} \sum_i t_i \Delta X_i \tag{3}$$

因此,可以得出

$$W = \frac{1}{2}(S_{11} t_1^2 + 2S_{12} t_1 t_2 + S_{22} t_2^2) \tag{4}$$

其中,公式 $S_{ij} = \frac{\delta X_i}{\delta p_j}(=\frac{\delta X_j}{\delta p_i})$ 表示希克斯替代效应。

在哈伯格的示例中,鉴于税收限制,与 t_1 和 t_2 有关的 W 最小。哈伯格没有考虑税基变化对税收的影响,但是在不改变其方案性质的情况下可以实现这一点。因为我们旨在最小化

$$M = W - \lambda(R - K) \tag{5}$$

其中,$R = t_1(X_1^0 - \Delta X_1) + t_2(X_2^0 - \Delta X_2) \tag{6}$

因此,可以得出

$$\begin{aligned}M &= \frac{1}{2}t_1 \Delta X_1 + \lambda t_1 \Delta X_1 + \frac{1}{2}t_2 \Delta X_2 + \lambda t_2 \Delta X_2 - \lambda(t_1 X_1^0 + t_2 X_2^0 - K) \\ &= (\frac{1}{2} + \lambda)(S_{11} t_1^2 + 2 S_{12} t_1 t_2 + S_{22} t_2^2) \\ &\quad - \lambda(t_1 X_1^0 + t_2 X_2^0 - K)\end{aligned} \tag{7}$$

最小化运算产生下列方程组

$$S_{11}\,t_1 + S_{12}\,t_2 = \frac{\lambda}{1+2\lambda}X_1^0 \tag{8}$$

$$S_{12}\,t_1 + S_{22}\,t_2 = \frac{\lambda}{1+2\lambda}X_2^0 \tag{9}$$

可以产生最优税收结构

$$\frac{t_1^*}{t_2^*} = \frac{X_1^0\,S_{22} - X_2^0\,S_{12}}{X_2^0\,S_{11} - X_1^0\,S_{12}} \tag{10}$$

哈伯格运用这一公式,得出

$$\frac{t_1^*}{t_2^*} = \frac{\eta_{21} + \eta_{12} + \eta_{23}}{\eta_{21} + \eta_{12} + \eta_{13}} \tag{11}$$

其中,η_{ij} 表示第 i 个商品有关第 j 次价格的需求弹性。

为此,R 可以由下列公式得到,

$$R = t_1\,X_1^0 - t_1(S_{11}\,t_1 + S_{12}\,t_2) + t_2\,X_2^0 - t_2(S_{12}\,t_1 + S_{22}\,t_2)$$

或

$$R = t_1\,X_1^0 + t_2\,X_2^0 - (S_{11}\,t_1^2 + 2\,S_{12}\,t_1\,t_2 + S_{22}\,t_2^2) \tag{12}$$

所以,R 在 t_1 和 t_2 方面的最大值产生方程组

$$S_{11}\,t_1 + S_{12}\,t_2 = \frac{1}{2}X_1^0 \tag{13}$$

$$S_{12}\,t_1 + S_{22}\,t_2 = \frac{1}{2}X_2^0 \tag{14}$$

解式为

$$\frac{t_1^*}{t_2^*} = \frac{X_1^0\,S_{22} - X_2^0\,S_{12}}{X_2^0\,S_{11} - X_1^0\,S_{12}} \tag{15}$$

这与哈伯格的税收规则,即公式(10)一致。

此外,公式(13)的左侧是公式(1)中的 ΔX_1^*,公式(14)的左侧是公式(2)中的 ΔX_2^*,因此,可以得到

$$\Delta X_1^* = \frac{1}{2} X_1^0 = X_1^0 - \Delta X_1^* \tag{16}$$

$$\Delta X_2^* = \frac{1}{2} X_2^0 = X_2^0 - \Delta X_2^* \tag{17}$$

然后,公式(16)乘以 t_1^*,公式(17)乘以 t_2^*,相加得到

$$t_1^* \Delta X_1^* + t_2^* \Delta X_2^* = t_1^* (X_1^0 - \Delta X_1^*) + t_2^* (X_2^0 - \Delta X_2^*)$$

或从公式(3)和公式(6)得到

$$W^* = \frac{1}{2} R^* \tag{18}$$

在此基础上,我们可以得出结论,即使在这种简单的一般均衡情况下,最优税收规则和最大税收制度也是相同的。就像在部分均衡情况下一样,甚至是在允许商品之间有差别,而且考虑到一般均衡效应的情况下,根据最大化税收假设,总税收仍旧是福利损失的两倍。

第五章 时间维度下的征税：所得税、资本税和公共债务

> 实际上，滥用或错用强制权力会不断带来风险，即便是在政府值得称赞的领域，也会存在限制政府和不信任政府的倾向。
>
> ——威廉·奥顿，《政府的经济作用》

第三章和第四章在极简的单周期情况下分析了税收最大化政府的活动。本章将修改这一模型的单周期，介绍有关时间维度的几个相互关联的问题。

第一个问题与资本税有关。在多周期情况下，个人会储蓄（创造资本）和负储蓄（消费资本），以便在其预期的生命周期内合理分配消费。当然，人们储蓄也可能是为了将其资本价值传给继承者。资本的积累与维持是税收的潜在来源。我们要分析政府可利用这种税收来源的含义，尤其是要分析与利维坦模型中所得税相对的资本税的特征。

第二个问题与公共债务有关。政府和个人有可能借贷，他们可能被赋予借贷的能力，也有可能没有被赋予这种能力。宪法对政府借贷权的约束如何补充征税权的限制，或者更笼统地说，如何相互影响呢？

第五章　时间维度下的征税:所得税、资本税和公共债务

关于资本税和公共债务的问题,要考虑的不只是税收来源的规模问题。在单周期情况下,假设税收分配,即先前模型中的参数α外源上是固定的,宪法运算中的唯一标准是预期产生特定税基和/或税率结构的公共产品供应水平。根据假设或分析传统,假设税基-税率结构一旦选定,就有可能在任何时期产生相同的税收水平,从而产生相同的公共产品供应水平。在多周期情况下,必须考虑另外一个问题,即产生适当公共开支的时间流。

第三个问题与政府自身的时间特征有关。在多周期情况下,必须考虑到政府自身有可能改变其特征与性质的情况。因此,有必要提出疑问,如果政府只是偶尔表现出利维坦模型的特征,情况会如何?个人在一系列预算周期内对国库做出响应时,这种可能性会如何影响他?面对税收最大化利维坦政府的威胁,即便当前尚未出现这种制度,纳税人要如何调整自己的计划呢?考虑到这些预测情况,连续性利维坦向偶发性利维坦(我们这里称之为盖然性利维坦)的转变如何影响个人的宪法计算?这套具有包容性的宪法规则或安排可能包括对政府财政行为的约束,这些约束在"正常"时期预计不会有约束力,只有在政府财政活动超出某种约束时才会发挥作用。这类偶然规则在分析盖然性利维坦时非常重要,它们可以被视为预防财政滥用,而不是对一般行使征税权的限制。即使在连续性利维坦假设下这些规则没有特别的地位,对政府征收资本税和借贷权力的限制,也是具有特殊意义的偶然规则。

本章的目的是分析这些相互关联的问题。在此之前,有必要再次简要回顾一下传统的公共财政学说,以强调该学说与用于分析上述问题的方法之间的区别。在第 5.1 节简要回顾之后,我们会

分析在前几章中永久或连续性利维坦情况下的所得税或资本税。

5.1 传统公共财政学说中的所得税、资本税和公共债务

在传统的公共财政研究文献中，人们认识到，对资产收入征税就等于对资产的资本价值征税。一种税可以很容易地转换为另一种税的等价物。对每年产生10%收益的资产的资本价值征收1%的税，就等于对资产当期收入征收10%的税。正如李嘉图所言，本质上相同的"等价"逻辑可以用来证明，公共债务问题与这两种税中的任何一种都相同：一种特定的公共债务义务意味着对未来支付债务利息并偿还债务的税收承诺，它可以转换为对资本或收入征收的现行税。[1]

但是，这里最初关注的不是这种"等价"逻辑。[2]为了讨论，可以假设该纳税人主观上不关心等价净负债基础上的各种替代方案。然而，在特定时间点，对等额税收现值债务不关心并不意味着潜在纳税人在某一宪法阶段不关心这几种财政安排。从宪法视角来看，在这几种工具下的债务现值并不明确，税收-财政安排在其税收潜力与重要性上差别巨大。就公民的宪法选择而言，重要的不是其对单周期内同等债务工具的预期态度，而是在利用税收工具时出现的各种政府响应，尤其是在资本税和债务方面。在这方面，传统公共财政分析中的标准含义与我们采用的方法之间的区别很重要，有必要进一步讨论。传统公共财政学说可以证明，在理性行为模型的假设下，对收入流征税等同于对产生收入流的资本资产

的价值征税。此外,通过将相同逻辑进行扩展,尤其是如果可以假设不存在净负债分配的话,那么某种更极端的理性行为模型要证明,对收入或资本征税也等同于公共债务问题。在单个后宪法周期,只要调整这些税率,使得单个纳税人在每种工具下的净负债相同,那么他"应该"不关心这些财政安排。鉴于假设纳税人理性行为中出现的这种不关心,其他财政安排会产生相同的行为响应。这意味着,根据经济学家的效率标准,这三种替代方案都是完美的替代方案。

但是,我们不应该忽略这种逻辑背后隐含的假设。假设可以满足政府的税收要求,但某种程度上与征税过程无关。传统分析以"鉴于任何税收要求"开始。这种方法完全忽略了财政制度首先对税收要求可能产生的反馈效应。当然,这些反馈效应是我们的

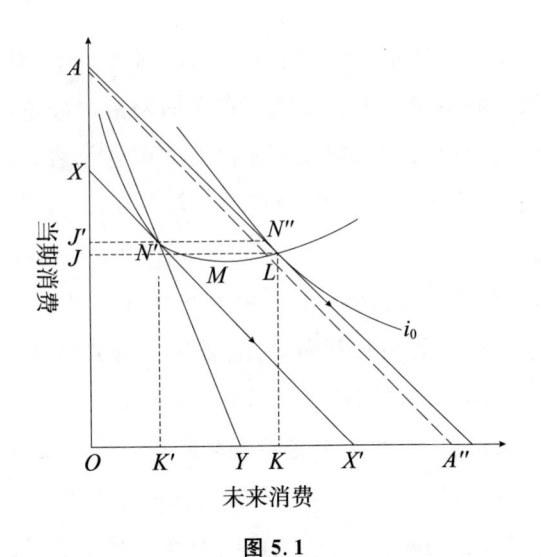

图 5.1

整个宪法分析的关键。这种区别根本不取决于利维坦政府。无论我们将政府建模为连续性利维坦，或盖然性利维坦，还是以中位选民主导的多数决民主，不同的财政或征税工具都会对政府试图征税的数额产生不同的影响。一旦认识到这些影响，在宪法财政安排之间做出真正的选择时，传统分析的等额税收或同等债务情况就变得不重要了。

除了另有说明的地方，本章会保留前几章中利维坦模型的核心内容。也就是说，假设政府会寻求最大化税收，但是由于财政宪法中的其他要素，政府受到限制，无法将部分税收用于公民真正所需的公共产品开支。但是，人们通常认为纯粹的选举限制是无效的。

5.2　公布税率的时机

在第三章和第四章讨论的单周期或瞬时模型中，引入公布效应毫无意义。我们隐含地假设税率在该周期初期公布，纳税人在充分了解现行税收安排的情况下做出行为调整。然而，一旦引入多周期情况，公布效应就变得很重要，必须在分析特定税种之前进行讨论。

首先，以两期模型为例。在这种模型中，利维坦或税收最大化政府在两个周期内都可以运行，并且被赋予征收资本税的权力。这里的两期模型是对第三章所述模型的简单扩展。我们分析了唯一一个纳税人的行为，利维坦受到所有税率必须成比例这一限制的约束。该模型的特点如下：个人仅生活两个时期；在第一时期内，他努力赚取劳动收入，该收入可以在这一时期消费或储蓄；在

第五章 时间维度下的征税:所得税、资本税和公共债务

第二时期内,他仅消费第一时期收入中的"储蓄"收入以及储蓄所赚取的利息,但是他没有赚取任何劳动收入。为了驳斥某些角的解"现实主义"的反对观点,我们也可以假设,个人在没有获得劳动收入或利息的情况下也可以生存。如果需要,我们可以假设,政府提供的救济金可以保证基本生存水平,救济金是按总税收的 α 份来计算。

这种简单的跨期模型中的周期内行为调整可以用图5.1来描述。第一时期的劳动收入用纵坐标来表示。OA 表示在第一时期可行或可能的最高水平消费,包括闲暇。如果这部分收入不用于闲暇,全部储蓄的话,那么就可以在第二时期最大限度地合理消费 OB。OB 大于 OA,直到储蓄利率为正。储蓄利率表示为 $A''B/OA''$,其中从 A 点出发,沿45度角画一条直线,该线在横坐标上的端点为 A''。在不征税的情况下,公民会跨期分配消费,以达到 L 点所示的均衡位置。他会在第一时期消费 OJ,在第二时期储蓄 AJ,消费 OK。

我们在这种极简模型中引入资本税。这种效应取决于纳税人在消费-储蓄选择时对这种税的预期程度。首先,要考虑极端无知的情况,假设纳税人做出储蓄决定时没有考虑纳税的可能性。他会表现得好像完全不征税。也就是说,他会为了在第二时期预期消费 OK 而在第一时期储蓄 AJ。因此,AJ 表示他在第一时期末的资本存量。在这种情况下,并且仍旧在两期情况的限制范围内,利维坦政府会挪用全部资本以实现税收最大化。反之,在没有明确限制的情况下,利维坦政府还会征收完全没收的资本税。无论资本存量规模如何,利维坦政府都会全部挪用。不仅如此,在纳税

人没有预期资本税的情况下,利维坦政府还会以某种方式诱使纳税人在第一时期增加储蓄,以超过在没有征税情况下选择的储蓄。在图 5.1 中,利维坦政府会为实现此目标而事先公布资本税率,诱使纳税人移向价格-消费曲线 $AN'L$ 的最小值,用图 5.1 中的 M 表示。纳税人做出预期行为调整后,利维坦政府会征收没收税,该税将获取所有资本作为税收。如果价格-消费曲线的最小值高于其右侧的 L 点,超过无税均衡点,那么利维坦政府可能在补贴资本积累。

尤其在永久性利维坦模型中,赋予纳税人这种不切实际的期望是不合理的。合理的是走向相反的极端情况,假设纳税人会意识到利维坦政府在没收可积累资本的过程中的利益。在这种预期情况下,公民将消费其在第一时期内的全部收入,他不会储蓄,限于资本税的利维坦政府根本无法获得税收。在这种情况下,A 点表示纳税人可以实现的最高效用水平。[3]

在这些情况下,利维坦政府与纳税人陷于两难境地。[4]只有双方缔结相关的约束性协议,才能比 A 点的情况(即"独立调整平衡")更好。因此,利维坦政府自我约束是合理的,即便公民没有施加明确的宪法约束。在所有可能规则中做出选择时,利维坦政府会选择税收最大化规则,确保它"事先公布"对资本征收税收最大化税率。这样,利维坦政府选择一种税率,以便在图 5.1 中的 N' 点产生纳税人均衡,即平行于 AB 的直线与价格-消费曲线 $AN'L$ 相切的位置。这种资本税为 BY/OB,让纳税人在第一时期消费 OJ',在第二时期储蓄 AJ',用于消费。从这种储蓄中获得的税收为 $N'N''$(等于 $X'B$),使纳税人在第二时期的净消费为 OK'。很清楚的一点是,仅仅事先公布税率 BY/OB 是不够的,纳税人必须相信这种税率会得以应用。如果事先公布具有约束力,他才会有这种信念。如果事先公布不具有约束力,他会将其视为这种信念,并在征税前就退回到 A 点,期望利维坦政府采取强制征收没收资本税的合理策略。

在某种意义上,相同的分析也可以应用于所得税。可以重新阐释图 5.1,以应用于纳税人在闲暇与创收之间选择的情况。正如第三章的分析(尤其是图 3.1 中的分析)所示,在事先公布的情况下,会有一种确定的税收最大化税率让纳税人能够对这种税作出最佳响应。第三章假设,事先公布税率或多或少是财政体系所固有的。多周期情况让我们提出了有意义且非常重要的问题,即是否应该赋予政府设定税率的权力,以应用于已赚取收入的情况(即刚刚结束的时期)。这种权力不同于赋予政府对公布后周期内要赚取的收入设定税率的权力。永久性或持久性利维坦政府会偏好第一种权力吗?通过对资本税的分析,我们可以证明,在永久性利维坦情况下,公民-纳税人和政府都不希望事后设定税率。这种结果同样适用于各种税,包括所得税,但前提是预计纳税人在其行为调整过程中预期利维坦政府采取的合理征税策略。

然而,要强调的是,该讨论的某些方面受到这种模型两期性的限制。一方面,我们将这种模型扩展到多周期情况时,利维坦政府和纳税人身处困境的"优势策略"特性变得温和了。即使在缺乏约束性协议,并且纳税人储蓄为正的情况下,利维坦政府也会避免在某些时期征收没收税。利维坦政府甚至会在初期鼓励纳税人储蓄一些,积累资本,从而扩大税基。如果"这场游戏"是有限序列,那么利维坦政府会在最后一个时期征收没收税。如果是持续性利维坦政府,那么该模型的特点更有可能是无限序列,而不是有限序列。如果以无限序列建模,那么利维坦政府是否会避免在某些时期征收没收税要取决于利维坦政府的折扣率以及对纳税人风险态度的预测等因素。如果利维坦政府的折扣率过高,那么资本一出现它就挪用全部资本仍然很合理。同样,纳税人不愿意承担风险,他可能倾向于当期消费 1 美元的确定性,而不是未来更多消费或被没收的可能性。在这种情况下,利维坦政府会发现很难鼓励纳税人仅通过在某些时期规避资本税以达到储蓄的目的。但是,零储蓄-没收税方案不可能永远盛行:在连续"玩"游戏的过程中,密谋至少可以确保一部分共同利益。除了可以一直欺骗纳税人的情况,双方都偏好与强制事先公布有关的宪法约束。

到目前为止,讨论的一个重要方面是永久性或持续性利维坦政府假设。在第三章和第四章的单周期模型中,假设税收最大化的利维坦政府不需要直接考虑财政权永久性的前景。但是,转向多周期情况时,或多或少会出现新问题。如果潜在纳税人-受益人预测真正的税收最大化利维坦模型只会偶尔出现,其宪法计算会如何受到影响?在其他时期,可以预测"仁慈专制"模型的政府。另外,非财政宪法约束(包括选举规则)预计在一段时间内可以发挥作用。然而,利维坦模型在任何时期都意味着,潜在纳税人的宪法决策必须包括这种可能性。

在"盖然性利维坦"模型中,有两处与先前的分析不同。首先,事先公布税率不再符合利维坦政府的利益。先前讨论的纳税人和利维坦政府之间的困境取决于彼此的相互预期,即利维坦政府在

第五章 时间维度下的征税:所得税、资本税和公共债务

一定时期内会继续存在。其次,即使需要事先公布税率,资本的本质也使得当期或周期内的重大调整不合理。资本税与所得税有区别,但在永久性利维坦情况下不重要。

第一点区别很容易解释。引入盖然性利维坦的结果是双重的。首先,纳税人无法肯定预测任何时期的税率。纳税人无法预期要征收的税收最大化税率,无论这些税率是按照第三章和第四章中的单周期情况估算还是本章中介绍的复杂现值估算。允许非利维坦政府存在的任何序列,即使在盖然性上,也不太确定。第二,偶然的利维坦政府无法承担当期税基减少在未来整个时期的成本。

以所得税为例。利维坦模型运行的概率为十分之一,也允许事后公布税率。当且仅当利维坦模型有效时,即便在单一周期,也会在赚取收入之后(即做出有关的闲暇选择之后)宣布100%的税率,以获得单一周期内赚取的全部收入。在多周期永久性利维坦或持续性利维坦情况下,这种财政行为当然不合理,因为个人无法在未来整个时期提供税基来做出响应。假设纳税人期望非利维坦政府征收10%的税率,但是他希望该政府在做出收入-闲暇选择之后公布征收100%的完全没收税率。在盖然性情况下,风险中立的纳税人会根据其预期税率([0.9(10)+0.1(100)]或19%)来应对利维坦政府的威胁。如果类似利维坦的财政当局的概率 p 是十分之一,那么纳税人在最大化其预期效用的过程中会在每个时期提供税率为19%时他可以提供的税基数。在这种情况下,利维坦政府倾向于事后公布的可能性。相应地,公民-纳税人倾向于宪法要求,即必须在纳税人做出行为调整前公布所得税税率。在

后一种情况下，纳税人在每个时期开始就知道利维坦政府是否可以运行，如果规划合理，那么他会跨期安排转移闲暇，使得自己在利维坦政府出现的时期内赚取相对较少的收入。

对纳税人而言，相较于所得税，在资本税情况下事先公布的优势不太显著。如果事先告知纳税人的话，他可能会负储蓄。他可能会"耗尽自己的资本"，最终耗尽自己拥有的全部价值。资本（存量）与收入（流量）本质的区别意味着，虽然对收入征收严格的当期税（即没有事后公布）允许纳税人在闲暇-工作选择上做出行为调整，但是当期资本税不允许进行有效调整，因为成为税基的资本已经存在了。资本并非来自当前做出的任何决策。税基的规模取决于先前在储蓄积累方面的决策，已经做的事情不会被轻易废止。因此，资本税就其资本性质而言仍具有事后性，除非仅对公布之后的新资本形式征税。在盖然性利维坦情况下，资本税与所得税之间存在区别，但这种区别在持续性利维坦情况下不太明显。资本税会让偶然的税收最大化政府扩张，享受多个时期的成果。所得税则会，或者至少在利息收入税是资本税的间接形式时才会产生这种影响。

认可本节的观点，会对个人宪法计算产生两点影响：

1. 公民-纳税人会坚持宪法要求，即所有税率都要事先公布，并且这种事先公布具有约束力。至少在盖然性利维坦情况下，即便是在纳税人充分考虑利维坦可能性的情况下，也无法预期这些约束是自我强加的。

2. 潜在的纳税人会表现出对所得税的宪法偏好，相应地反感资本税，因为利维坦政府是盖然性而非永久性时，为避免剥削性税收而实行周期内的调整在所得税情况下更为合理。

5.3 永久性利维坦下的所得税与资本税

在第 5.2 节,我们已经指出所得税与资本税在盖然性利维坦情况下的主要区别。在本节,我们会更加直接地比较所得税与资本税,同时考虑税收收入水平和时机。为此,我们先回顾一下第 5.2 节开始所概述的两期模型,其中假设利维坦模型在两个时期内都可以运行。这种非常受限的模型的本质特征如下:

1. 所有税率结构都必须成比例。

2. 我们分析只有一位(代表)纳税人-公民的行为。

3. 在第一时期,赚取劳动收入,可能会"当期"消费。在第二时期,没有获得劳动收入,但是从第一时期的储蓄中获得了利息。当然,可能会"未来"消费。

4. 所有税率都提前公布。

资本税。我们在第 5.2 节讨论了这种情况。根据图表 5.1,我们知道在这些假设下出现的均衡包括最大税收资本税。N' 表示纳税人的地位,OJ' 表示当期或第一时期的消费,OK' 表示未来或第二时期的消费。$N'N''$ 表示利维坦政府在第二时期所获得的总税收。

所得税。为了讨论,假设在闲暇与劳动之间进行权衡,以使对劳动收入征收的税收最大化税率为 50%。为了便于分析,假设这种税收最大化税率仅取决于所有未来和当期消费的现值。这种假设意味着无论对未来消费征收何种税率,对第一时期的收入征收的税收最大化税率都保持不变。OA 表示全部劳动收入,图 5.2 中的

OA' 表示当期最大消费。从 A 点出发,以 45 度角画一条直线 $A'Q$。根据第一时期 $A'A$ 的税率,直线 $A'B'$ 表示当期和未来消费机会的轨迹。未来最大消费 OB' 减去 OA' 为 QB',表示正利息收入。

标准的所得税包括利息税和该税基中的劳动收入。[5] 穆勒、卡尔多、费雪以及安德鲁斯和费尔德斯坦建议的此类开支税则不同。因此,这种税率并未扭曲当期消费与未来消费之间的个人选择。讨论"所得"税时,必须区分(1)仅对劳动收入征税,(2)仅对消费征税和(3)对劳动与利息收入征税(即消费与储蓄)。在讨论的过程中,一开始就假设两个时期之间的税率不允许发生变化。

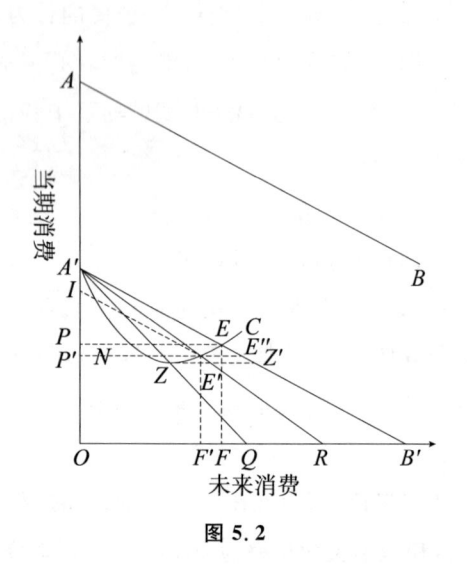

图 5.2

(1)和(2)都可以在 E 点(图 5.2)达到税后均衡。在 E 点,消费者在第一时期消费 OP,在第二时期消费 OF。然而,所得税可以确保第一时期的全部政府税收 $A'A$,这是因为这种模型假设在第二时期没有赚得劳动收入。可以比较劳动收入税与消费开支税。这两种税是跨期中立的，也就是说，这两种税都不会影响未来消费相对于当期消费的相对价格。两种税都可以在 E 点达到均衡，但是在消费税情况下，税收按照与总消费相同的比例分配在两个时期。出于这个原因，税收的时间序列在消费税情况下是不同的：不是在第一时期获得全部税收，而是根据劳动所得税，第一时期获得的税收比例为 OP/OA'，第二时期获得的税收比例为 PA'/OA'。以当前的折扣计算，总税收将保持不变。

以"总收入"征税为例，它包括第一时期对劳动收入征收 50% 的税，第二时期对利息收入征收 50% 的税。这种税在 E' 点实现均衡，即 $A'R$ 与以 A' 点为原点的价格消费曲线的交点，其中 R 点位于 Q 点和 B' 点之间。在 E' 点，政府第二时期的税收为 $E'E''$，高于第一时期的税收 AA'。

这里要强调的是，在没有明确宪法约束的情况下，提高第二时期的所得税税率始终符合利维坦政府的利益。例如，第一时期征收 50% 的税率，第二时期对利息收入征收 100% 的税率，这与事先公布的约束条件完全一致。利维坦政府仍然会在第一时期挪用税收 $A'A$，但是纳税人调整其储蓄行为，在 Z 点实现均衡（其中利息收益为零）时，它在第二时期可以以这种方式获得税收 $Z'Z$。只有利维坦政府明确受到跨期税率一致性要求的限制时，才会排除这种可能性。值得注意的是，除了对劳动收入与利息收入征收的税收最大化税率保持不变外，跨期的所得税税率一致性要求确实会限制税收潜力。

如果这些税收最大化税率不同的话，税率一致性要求可能会导致利维坦政府为了更接近预期的所得税税率而对当期劳动收入征收"过多的"税。这种影响似乎不大。对劳动收入征收的税超出税收最大化限制时,第一时期的税收会减少。由于未来的消费税提高了,因此会对当期消费产生替代效应。提高未来消费税税率必然会产生足够的税收来抵消这两种影响,但似乎只能在有限范围内这么做。

为简化分析起见,我们介绍了简单的两期模型,其中劳动收入只在第一时期赚取,利息收入在第二时期赚取。一致性要求包括消除税率的跨期差异。在更普遍的情况下,一致性要求包括禁止不同收入来源中的税率差异,即便这些收入来源可以在同一时期产生收益。这种一致性要求产生的影响与更简情况下所讨论的影响是相同的。

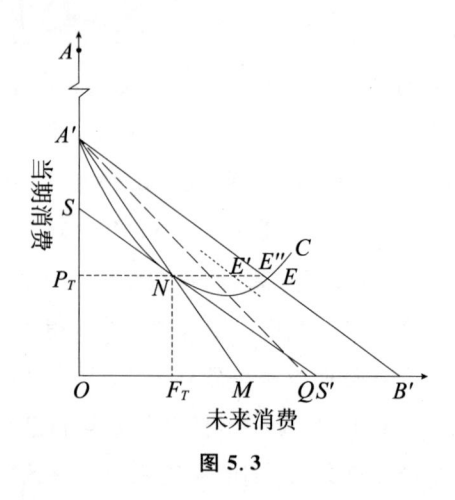

图 5.3

所得税与资本税。在本节,我们要分析允许利维坦政府利用资本税(所得税之外的)所产生的影响。就所得税而言,我们继续

第五章 时间维度下的征税：所得税、资本税和公共债务

利用第 5.2 节所采用的假设。假设闲暇与活动之间的选择取决于时间序列内收入的现值。根据这种假设，可以得出事先公布的资本税不可能对第一时期劳动收入的税收最大化税率产生影响。在这种情况下，利维坦政府能做的就是在第一时期征收税收最大化所得税税率，然后选择可以实现最终均衡的税收最大化资本税，用图 5.3 中的 N' 表示。如前所述，我们只分析事先公布的税率。所得税将当期最大消费减少到 OA'，以 A' 点为原点的价格消费曲线表示可能的均衡轨迹。在 N 点可以从资本税和/或利息税中获得最大税收，即平行于 $A'B'$ 的直线 SS' 与价格消费曲线的切点。OP_T 表示个人的当期或第一时期消费，OF_T 表示个人的未来或第二时期消费，AS 表示以折现现值计算的政府总税收。其中，第一时期从所得税中获得税收 $A'A$，第二时期从资本税和所得税中获得税收 $S'B'$，$S'B'$ 的现值为 $A'S$。第二时期的总税收 $A'S$（或 $S'B'$）完全依靠资本税，不需要对利息收入征收所得税。或者可以从利息收入税等于劳动收入税加上某种资本税中获得税收。在后一种情况下，由于维持对劳动收入与利息收入征收 50% 的所得税税率，因此，第二时期因这种利息所得税而获得的税收为 $E'E'''$，即 $S'B'$ 减去分配给资本税的 $E'E''$。相较于没有利息所得税的情况，在有利息所得税的情况下税收最大化资本税的税率显然更低。

当然，对利息收入征收某种税会完全抵消资本税的税收潜力：税率将为 MB'/QB'（见图 5.3），远远超过所描述情况的 100%。通常，人们可能认为超过 100% 的利息税率不可行。纳税人可以简单地用货币余额替代有息资产。通货膨胀时，货币本身就会随

着时间的推移而贬值。对全部资产收入征收超过100%的实际税率是可行的,最近在许多西方国家已经得以实行。通货膨胀本身就是一种资本税形式,但它也有可能使得对有息资产征收的税率接近税收最大化资本税税率。当然,这种结果取决于积累消费品成本很高这一事实,但是这里的问题涉及通货膨胀问题的一方面,需特别关注。[6]

我们可以将本节的讨论总结在表格5.1中。在此表中,我们以简单的两期模型为背景,针对每一种税收安排进行讨论,指出(1)每个时期的税收和(2)以现值折现的总税收。这种总的折现税收数字是否很重要,将在下一节进行讨论。这些标题指的是图5.1、图5.2和图5.3中的标题。如表5.1所示,这些税收安排在税收总值和税收收入的时间流方面都有所不同。根据传统分析中的等价定理,资本税与所得税之间的区别颇为有趣。

表5.1 替代性税收安排下税收的时机和水平

税收安排	第一时期的税收	第二时期的税收	总现值
资本税	—	$N'N''$	AX
		(图5.1)	(图5.1)
所得税(劳动收入和利息)	$A'A$	$E'E''$	AI
(统一税率)	(图5.2))	(图5.2)	(图5.2)
所得税(只有劳动收入)	$A'A$	—	$A'A$
	(图5.2)		(图5.2)
消费税[a]	OP	OF	$A'A$
	(图5.2)	(图5.2)	(图5.2)
所得税加资本税	$A'A$	$B'S'$	AS
	(图5.3)	(图5.3)	(图5.3)

[a] 假设最大化税率为50%,使得 $OA' = A'A$。

5.4 利维坦政府的时间偏好

表格 5.1 总结的税率比较存在一个有趣的问题,即利维坦政府的税收策略多大程度上取决于税收时机和以现值计算的最大税收。我们最初关注的是先前利用的纳税人完美预测的两期模型。在这种情况下,如果利维坦财政当局的放贷能力不受约束,并且假设它可以按照市场收益率来这么做,那么它会选择最大化其税收现值的税收安排。

对于税收最大化的利维坦政府而言,最佳安排是可以利用所得税和资本税。当然,利维坦政府会按照税收最大化税率征收所得税和资本税,在第一时期获得 $A'A$,在第二时期获得 $B'S'$。这种安排可以使得总税收的现值最大化。由于假设利维坦政府可以随意放贷,它的征税和消费活动会完全分离。将总税收的现值最大化,然后按照市场利息率放贷,由此产生的盈余[7]将根据利维坦政府的效用函数进行跨期分配。我们可以用图 5.4 中的直线 IK 来描述利维坦政府的消费可能性。[8]

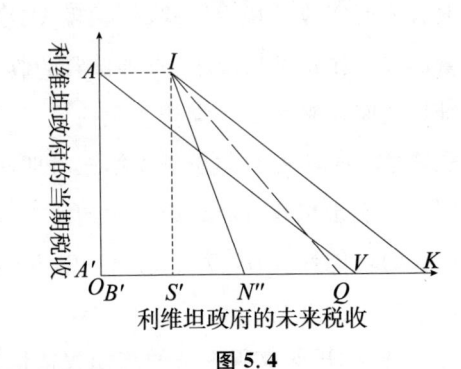

图 5.4

我们的模型假设在第一时期赚取全部劳动收入,如果不放贷的话,必须在第一时期分配利维坦政府消费前景的主要部分。我们将在下面详尽分析借贷问题。假设利维坦政府的时间偏好表示它希望将某些消费推迟到第二时期。我们需要问的问题是潜在约束对利维坦政府按照市场收益率放贷(投资)能力的影响。首先,假设不允许利维坦政府在公开市场上放贷,不允许政府购买能创收的资产,但政府仍然有贮藏的能力。在这种情况下,消费可能性降至图 5.4 中的 $IQ, I\underline{Q}$ 的斜率不变。利维坦政府是否有可能不最大化税收的现值而更加有效地跨期分配其预期消费?似乎有两种方法可以实现这种结果。利维坦政府会发现,降低所得税税率,并且个人第一时期储蓄更多时,第二时期通过资本税征收更多税收符合它的利益。第二种方法就是利用消费-开支税。

首先,分析一下其中的第一种调整。对劳动收入征收的税率下降时,个人会储蓄更多,这确保了税收最大化资本税获得更多税收。在第一时期放弃税收,但在第二时期征收更多税收。利维坦政府是否会认为这种调整有利,这主要取决于其所面临的权衡率。对第一时期赚取收入所征收的税率下降时,纳税人只可以将部分额外的股息储蓄起来。在正常情况下,额外储蓄的收益率和初始资本无法为利维坦政府带来第二时期资本税前景,尽管这种前景会超过它可以贮藏第一时期税收的份额供第二时期使用的前景。在图 5.4 中,IN'' 表示利维坦政府放弃第一时期所得税税收,替代第二时期资本税收的可能性。IN'' 完全在 IQ 内,IQ 表示在贮藏情况下的机会。

现在分析一下消费-开支税所带来的跨期权衡情况。如表格

5.1所示,如果目标是将时间序列内税收的现值最大化,那么利维坦政府从不依靠这种税收手段。如果税收使用的跨期调整受到限制,特别是如果有可能贮藏而不是放贷的话,可以考虑次优的财政手段。由于消费开支税完全从税中消除了储蓄,因此预计个人会将其更多消费转移到第二时期。这么做的话,他们同时会为利维坦政府的剥削保留更多的税收潜力。如果消费税产生的额外储蓄相对较多,那么这种前景对利维坦政府而言是有效的,其效用函数对第二时期的税收使用加权。在正常情况下,例如在所得税情况下,如果利维坦政府有机会贮藏所征收的税收的话,它仍会发现,安排税收结构以最大化税收现值,且不受自身时间偏好的影响是非常有利的。[9]

我们可以对利维坦政府的跨期调整机会施加更多的限制。如果拒绝赋予政府贮藏以及以一定的正收益率投资的权力,采取非现值最大化的手段似乎更可取。这种情况并不像乍看起来那么奇怪。尤其是,许多下级机构与部门在无结转的情况下运转。这些部门可以利用的资金既不能投资,也不能贮藏。如果将利维坦模型解释为一种有效的"好像"模型,描述现代政府相互依存的一套复杂安排,而不是某种集中决策的庞大组织,那么无投资-无贮藏模型会变得更加合理。

在税收收入不能投资和贮藏的情况下,利维坦政府当然必须利用每个时期获得的税收。因此,所得税和资本税的使用取决于这两种税本身。利维坦政府考虑的另一种方法就是对消费开支征税。消费开支税是否比所得税与资本税的某种组合更合理呢?与所得税相比,消费税会鼓励纳税人在第一时期储蓄更多,然后计划在第二时期消费更多。如果利维坦政府的跨期偏好和纳税人的消费-储蓄行为属于特定安排,那么即使可以利用所得税-资本税组合时,也是有可能利用消费税的。在非常合理的情况下,不可能出现利维坦政府的这种财政安排。偏离税收现值最大化主要取决于一种假设,即投资和积蓄都不可能。

我们先前分析了偏离利维坦政府现值最大化的可能情况,这比我们引入的两期模型更重要。在一般模型中,某些纳税人会在每个时期赚取劳动收入。一旦认识到这一点,就几乎不可能构建一个方案,说明政府的利益会决定偏离预期在每个时间点最大化税收现值的税收安排。

只有维持在永久性或持续性利维坦模型中,才会出现本节所讨论的这些问题。如果我们考虑到只是偶尔出现并只在一个时期内执政的税收最大化政府的行为,那么理性行为当然会决定该时期的最大税收。

表 5.2 替代税收安排下公共产品和私人产品的消费水平和时机

税收安排	第一时期的私人产品消费	第一时期的公共产品消费	第二时期的私人产品	第二时期的公共产品
资本税	OJ' (图 5.1)	—	OK' (图 5.1)	$\alpha N'N''$ (图 5.1)
所得税(劳动收入与利息)	OP' (图 5.2)	$\alpha A'A$ (图 5.2)	OF' (图 5.2)	$\alpha E'E''$ (图 5.2)
所得税(只有劳动收入)	OP (图 5.2)	$\alpha A'A$ (图 5.2)	OF (图 5.2)	
消费税	OP (图 5.2)	αOP (图 5.2)	OF (图 5.2)	αOF (图 5.2)
消费税加资本税[a]	OP_T (图 5.3)	$\alpha A'A$ (图 5.3)	OF_T (图 5.3)	$\alpha B'S'$ (图 5.3)

[a] 假设这些都可以用于产生最大税收。

5.5 纳税人-公民在公共开支方面的时间偏好

我们已经考虑了纳税人面对替代性税收安排时在当期消费与未来消费之间进行调整的时间偏好。我们发现，这种调整会影响政府税收的时间模式。公民意识到税收的时间模式与税收用于公共开支的时间模式之间的关系时，时间偏好会以不同的方式进入其宪法计算。在整个分析中，继续假设利维坦政府的一部分税收（用第三章的初始模型中的 α 表示）必须用于公共产品开支。因此，公共产品开支的时机会反映税收的时机。纳税人-公民意识到这种关系后，在宪法阶段可能倾向于向利维坦政府分配更大的征税权，如果这么做可以确保公共产品利益的优先时间流的话。

为了剔除纳税人在这方面选择的相关维度，我们可以重构表5.1，包括纳税人在简化模型中每个时期的公共产品与私人产品消费。结果如表5.2所示。

如果假设所有公共产品在所提供的时期内可以产生消费利益，那么就要特别关注表5.2的某种属性。消费-开支税在两个时期内分配的公共开支比例与个人分配其私人开支的比例完全相同。当然，公共开支消费的预期跨期模式可能与私人产品的预期模式不同。但是至少应该假设，这两种预期的时间模式趋向于大致相同。如果接受这种假设，那么可以通过与表5.2列出的替代方法进行比较，以确立消费税的先验情况。

如前所述，与所得税和劳动所得税相关的税收跨期模式部分是由两期模型的简化假设强加的。将这种分析扩展到多期以及许多纳税人,并允许在所有时期内赚取劳动收入的情况时,所得税税收的跨期积累就消失了。然而,总收入与总消费的时间模式不同时,似乎可以按照分析中的思路讨论一下消费基础。

如果假设公共产品很耐用,从而在两个时期都可以产生收益,那么人们可能倾向于早开支,而不是晚开支。为获得一定的利益时间流,纳税人倾向于早期获得更多的收入。但是,似乎没有任何先验理由可以让人相信,公共消费产品比私人产品更耐用。

5.6 借贷权

在之前关于利维坦政府时间偏好的内容中,我们分析了对政府放贷与贮藏能力的限制,这些限制是影响利维坦政府在替代税收工具之间选择的一种手段。当时,我们暂缓了对借贷权的讨论。单独分析政府借贷权的原因是,虽然这种手段为利维坦政府跨期分配预期的税收使用提供了一种手段,但其重要性在于,公共债务本身提供了额外的税收来源。

政府的借贷权(发行债务)是一种创造流动资产的权力,让政府有义务在未来时期向这些资产(公债)持有者支付特定金额,大概是用未来时期内征收的税收来融资。为进行有意义的分析,我们假设政府必须履行债务义务。发现甚至预计会违约的政府不可能轻易推销债务工具。

政府可借贷的总金额受到或可能受到三方面的限制:(1)政府支付并偿还债务的能力,即根据政府在宪法上允许的征税权来确定其未来的税收能力；(2)个人在公债与其他资产之间的相对偏好；(3)个人希望推迟当期消费（和获得资产）的一般程度。我们会分别讨论这些限制。

首先，除非政府也拥有征税权，否则创造债券的权力是无效的。借贷权本身不会赋予政府尚未体现在其获得的税收工具中的权力。在提及的其他约束条件所施加的限制范围内，借贷权允许政府做的是，在当前某个时期而不是后期挪用未来税收流的资本化价值。在"永久性利维坦"情况下，这种借贷权的主要意义在于，它对公共开支时间流的影响，而不是其总水平的影响。在盖然性利维坦情况下，这种情况截然不同。这里，借贷权意味着执政但无法预期仍会执政的税收最大化政府可能通过借贷，将未来所有时期（包括利维坦政府不再运作的时期）内的税收的全部价值据为己有。换言之，就宪法阶段的潜在纳税人而言，借贷权有效地将"盖然性利维坦"转变为"永久性利维坦"，或者至少会这么做，直到其他两方面限制可以发挥作用。

我们要注意，在某些条件下，在永久性利维坦下借贷的时间流效应的确是人们所期望的。古典公共财政领域（即前凯恩斯主义）经常出现的主题是"临时经费"的概念（例如战争）和局限于这种经费的常规税收手段。这里，限制政府利用巨大的多期税收来源的宪法规定可能会将这种税收来源的使用限制在财政"紧急"时期。当然，这种紧急情况的准确定义有很大问题。人们几乎不希望通过宣布紧急状态而赋予利维坦政府巨大的财政权，也不希望政府为了自身的税收影响，利用激励措施制造紧急态势。因此，可以完全排除借贷：在"临时经费"标题下，使用借贷的合法性风险太大。

图 5.5

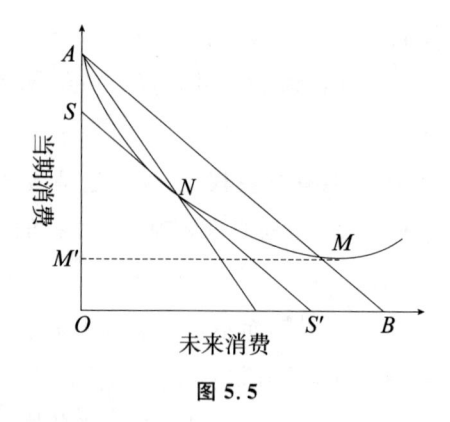

也可以通过资产市场的"供应"特征设定对政府借贷权的限制,从而限制对未来税收流的要求。如果边际投资收益率下降而不是数量下降,那么政府会发现必须为其债券支付越来越高的利率,因为它逐渐取代了私人投资机会。在债券取代全部私人资产前,未来的政府税收可能会耗尽。[10]

最后,通过最高水平的社会资本形成设定对政府出售债券能力的限制。在图 5.5 中,AM' 表示个人的最大资本积累,即价格消费曲线在点 M 达到最小值时的储蓄水平。无论未来的税收水平如何,政府无法从此人那里获得超过当前储蓄水平的税收。但是,只要我们继续假设购买债券是自愿的,那么某一时期执政的利维坦政府是否可以从此人那里获得最大税收呢?

这一问题的答案主要取决于个人对当期债务发行购买所隐含的未来期税收的反应。如果此人完全折现了当期债务发行所体现的未来期债务,那么他会意识到,更多的初期消费至少可以让他逃避以现值计算的债务。在这种情况下,公共债务发行等同于我们先前讨论的两期模型中的资本税问题。第一时期可以通过出售债券获得的最大税收是图5.5中AS所表示的数额。

但是,如果个人没有将未来的税收负担折现,并相应地改变其消费-储蓄行为,那么可以通过债务发行获得更多的税收。如果图5.5描述了其选择计算的个人仅是对看似有吸引力的债券利息收益回报作出响应,那就可以诱使他以间距AM'所示的最大限度来购买债券。可以使从当期收入中储蓄的限度最大化。

考虑政府借贷时,必须区分内部和外部的资金来源。这种区别在分析其他税收安排时没有必要,因为政府的征税权表面上看似不合理,至少直接看上去如此。[11]但是借贷涉及政府与债券购买者(放贷人)之间的自愿交易,向外国人出售债券没有明显限制。无论个人对这种债务中体现的未来税收负担预期如何,这种外债前景对利维坦政府在单个时期获得最大税收都具有重要意义。在这种情况下,允许政府内部借贷和外部借贷有着重要的区别。如果利维坦政府对外出售债务工具,那么即使个人完全预期到了未来期的税收负担,也不可能做出权衡的行为调整。如果没有发生这种预期,那么最大储蓄就不会像内部债务情况那样限制债务发行。

利维坦政府在这种情况下能够借贷多少呢?这些限制是未来期税收的完全资本化价值所施加的。执政的利维坦政府可以征收税收最大化的当期税,还可以占有全部未来税收的现值。这表明,与内部债务相比,在外部债务情况下总"债务负担"可能更重,只是因为在外部债务情况下会发行更多的债务。与约束内部借贷能力相比,对外部借贷能力的宪法约束更具有限制性。但是在这两种情况下，利维坦政府不再运行时，借贷权意味着赋予该政府在未来满足税收胃口的权力。因此，有人预期对借贷权的限制会尤为严格。

5.7　结论

第三章、第四章以及第五章介绍了这种高度抽象且简化的分析模型，旨在说明传统的仁慈专制模型与税收最大化的利维坦模型在税收的标准含义方面有着显著区别。第三章和第四章中的分析仅限于单周期或瞬时模型。假设特定比例的税收收入用于公民-纳税人所需的公共产品与服务开支，这种分析说明利维坦政府的征税倾向会受到某种适当选择的税基和税率的影响。本章的分析将相同的模型扩展到了多周期序列。

在这种跨期的财政结构中，所得税或开支税与资本税（以及发行公共债务）之间的差异非常重要。如果可以预测一个税收最大化的政府，无论是永久性还是盖然性，那么除了政治过程中的外部力量所描述的紧急财政情况外，潜在纳税人-受益人的宪法计算还会包括对资本税和公共债务的严格限制。允许不受限制地利用资本税或发行公共债务，可以确保税收最大化政府挪用供当期使用的未来税收潜力，这是很难预期潜在纳税人偏好的一种结果。

这种分析未必表明，消费税在潜在纳税人的理性宪法计算中会主导所得税。正如我们指出的那样，在某些情况下，消费税可以确保公共产品的供应随着时间的推移更为均衡。此外，将税基限制于消费开支，会削弱利维坦政府的税收潜力。如果预期所得税在税收最大化情况下可以产生过大的数额，那么这种目标本身就有可能是合理的。也就是说，可以允许储蓄成为纳税人的一种免税选择。消费税基的附加优势在于额外的储蓄和额外的经济增长。但是，我们的分析与财政选择的这一方面没有直接关系。

与第三章和第四章的分析一样，这里的分析结果进一步证实了纳税人对政府财政权的普遍态度。普通的公民-纳税人很警惕地看待资本税，我们发现债务限制了许多现代国家的财政权。我们的分析为通常被解释为对其他财政安排做出"本能"反应提供了理论基础。

从本章的分析中直接得出的重要结论是关于事先公布税率的影响。在宪法决策阶段，潜在的纳税人倾向于要求政府在做出适当的行为调整之前宣布税率。在资本税制下，这种针对事后立法的法规的普遍化意义重大，尽管这绝对不在所得税考虑之中。

关于公共借贷，这种分析可以强化经典规则，以限制政府在临时经费必须有资金支持时将这种税收工具应用于可见的财政紧急时期。即使在这种紧急情况下，宪法仍然可以有效限制外部借贷而不是内部借贷。正如分析所示，借助外部借贷可以让政府挪用未来收入的全部价值。即使公民-纳税人在宪法决策阶段仅预测会出现税收最大化的利维坦政府的可能性，理性选择也会决定人们倾向于严格约束政府的权力，无论是资本征税的权力，还是创造公共债务的权力。

第六章 货币创造与征税

> 欲颠覆现有的社会基础,没有比货币泛滥更精明、更可靠的手段了。
>
> ——约翰·梅纳德·凯恩斯,《和约的经济后果》

货币创造可以并且经常被政府当作增加税收收入的一种手段。在本章中,我们希望从宪法视角并结合我们对政府行为典型的垄断假设,来研究货币创造。在某些方面,本研究是对第五章中资本税分析的简单扩展。我们尤其发现,向政府分配某种税基 X 和赋予政府提供税基 X 的垄断特许权有相似之处。在某种程度上,我们可以转变这种相似性,主张赋予政府创造货币的垄断特许权就等于允许政府对货币财产征税。由于货币财产属于总财富的一部分,因此我们先前讨论资本税的重要性不言而喻。

货币创造方面有太多独特之处,应该详细讨论。从我们对政治的基本观点出发,货币问题的分析本质上有趣,实证上有意义。通货膨胀作为一种税收手段的特殊性将在后文讨论。但是,货币创造有一方面与我们迄今为止讨论过的情况有所不同,必须一开始就提及。

我们先前讨论征税权类似于相应的垄断特许权时,假设这种

第六章 货币创造与征税

安排的唯一作用就是增加税收收入。这并不意味着在没有行使征税权的情况下,竞争性市场结构不能或不会以高效且被人所认可的方式提供税基商品。没有任何合理的观点主张,潜在税基商品的供应必须社会化。有关货币创造的情况还不是很清楚。货币理论学家们针对货币工具供应领域的竞争是否相当有效或者竞争性组织是否完全可行这一问题进行了长期的争辩。通常文献中有关政府拥有创造货币的垄断特许权的理由并不是主要基于征税的影响:直接讨论的话,税收的影响具有偶发性。

我们不想就自由市场在货币中的有效性的争辩阐明我们的立场。我们确实要指出的是,赋予政府在货币创造方面的垄断特许权会产生税收影响,这种影响在我们的利维坦政府模型中尤为明显。我们的分析着眼于预测如何利用这种垄断特许权。即使从标准的经济学意义上说,市场供应货币极其无效,在可能的制度之间做出宪法选择时,所预测的政府替代制度的成本也很重要。即使在谨慎的制度比较之后,应该拒绝市场替代方案,赋予政府创造货币的权力时对可能结果的预测在设定宪法约束条款时仍然至关重要。理性的纳税人希望这些宪法约束条款可以限制政府行使这种权力。

我们将在不同的章节阐述我们的观点。在第6.1节,我们提出关于货币创造权的税收意义的简单观点。第6.2节借助于货币和耐用的实物资产"土地"之间的相似性,专门讨论通货膨胀,旨在指出期望在确定通货膨胀和垄断货币特许权的税收意义过程中的关键作用。在第6.3节,我们运用第6.2节的类比,直接分析通货膨胀和货币创造的问题。第6.4节尝试说明纳税人预计对政府行为抱有的各种期望。第 6.5 节对货币余额税与其他形式的资本税进行比较,在第 6.6 节,我们指出我们的讨论与传统学说的分歧及其原因。第 6.7 节就替代货币宪法下税收流的时机问题进行评论。第 6.8 节简要分析通货膨胀与所得税税收之间的关系。第 6.9 节进行总结,从方法论上对现有"货币宪法"文献与我们为"财政宪法"构建分析基础的做法之间的关系进行评述。

6.1 创造货币的权力

人们普遍认为,通货膨胀是一种征税手段,但它不是政府创造货币权的唯一方面,虽然这种权力具有税收意义。即使在零通货膨胀制度下,赋予政府创造法定货币的垄断特许权也是值得的,因为这种特许权可以以基本为零的成本创造个人赋予经济价值的资产。接下来,我们会简要讨论一些简单情况下的货币性质,确立关于货币创造垄断的税收意义的基本观点,为之后详细讨论通货膨胀税提供分析基础。但是,我们一开始会完全从通货膨胀中抽离出来,也会从涉及货币如何出现在易货经济中的问题中抽离出来,尽管货币理论学家非常关注这些问题。为了论证,我们仅假设从一开始就赋予政府创造货币的垄断特许权。我们将分析局限于平稳的经济体;没有经济增长,假设基本参数(需求、资源、技术)不会随时间变化。当然,考虑到经济增长和对货币的不断需求,可以很容易地扩展这种基本分析。为了简便和节省篇幅,这里不作扩展分析。与本书中其他地方一样,我们假设这种经济是封闭的。在这种情况下,如果授权政府创造货币,那它会忽略竞争性货币对政府行为施加的约束。[1]

首先以两期模型为例。在第一时期出现人际交易,其中一群购买者B用现金换取一群出售者S所拥有的商品。在第二时期,这些出售者S必须能够用现金换取他们看重的商品,因为现金没有内在价值。否则,出售者在第一时期就不会接受现金换取商品。然后,货币创造要求,在第二时期货币创造机构必须用商品或其等价物替代现金。[2] 如果货币创造机构就是政府,那该怎么办呢?有两种方法:

1. 政府可以在第一时期伊始,将从个人那里获得的资源返还给他们,以换取现金。这些人会放弃其货币存量的利息,以换取货币交易服务。政府会获得等于货币存量的资产数量的无息贷款,价值为 $r \cdot M$,其中 r 表示利率,M 表示货币存量的实际价值。[3]

2. 政府可以允许"支付"现金以替代税收。在这种情况下,政府放弃本来可以在第二时期获得的(部分)实际商品与服务,因为它接受现金替代第二时期的实际税收资源。

无论从任何一个角度看,货币似乎都像是一种债务形式。货币创造可以让政府跨期再分配其征税权的成果:政府可以凭借其货币创造(和征税)权,将第二时期的税收转移到第一时期。政府不必为其隐性贷款支付利息,可以凭借其创造货币权获得等于货币存量利息的价值。政府可以在第一时期投资其获得的资源,以换取现金,"偿还"数额等于第二时期这些资源的绝对值,并保留利息。

因此,货币创造的权力将为税收目的而进行货币交易服务的市场价值分配给政府。在这种简单模型中,货币创造的权力取决于政府是否准备用货币来支付税收负担,或者取决于政府是否准备不消耗货币创造最初提供的资源基础。在本节以及后续的讨论中,我们会忽略存款银行业务:政府法定发行的只能是货币。

我们现在要扩展这种模型,删除两期模型的简单假设。在无限期情况下,对政府而言货币存量的价值就是政府向公民提供无限量交易服务的现值。换言之,对政府而言永久性无息债务的价值等于本金——在这种情况下就是货币存量本身的实际价值。如果政府在每个时期永远都获得 $r \cdot M$,那么其资本化值为 $\frac{1}{r} \cdot rM$ 或 M。

即使在没有通货膨胀的情况下,货币创造的权力也具有重要的税收意义。但是,我们这里必须提出的问题是能否预期利维坦政府会满足于零通货膨胀制度。我们可以预测利维坦政府会选择哪种通货膨胀(或通货紧缩)模型吗?这对于赋予政府不受限制的货币创造权有什么意义?

要回答这些问题,就需要关注通货膨胀。在讨论中,我们首先要建立通货膨胀与货币余额税之间的联系。其次,基于这种联系,我们要重申第五章关于资本税应用于通货膨胀的主要结论。

6.2 通货膨胀和货币余额税:以"土地"作类比

为了建立通货膨胀与货币余额税之间的联系,说明期望的关键作用,有必要以"土地"作类比。假设土地是一种无限持久的资源。[4]假设政府垄断以标准均质单位来定义的土地的供应，但总供应量足以满足人口需求。这些条件确保，即便可以免费获得土地，某些单位的土地也不会被占用。产生效率的价格当然为零。

现在分析一下多周期的情况。假设在第一时期，垄断政府决定在没有土地出售的情况下出售一定数量的土地。有两个因素会进入市场准备为可供出售的土地数量支付的价格之中：一是在已释放土地数量的情况下该土地的租金价值；二是个人对未来土地供应水平和土地市场价值的期望。请看图 6.1。在图 6.1 中，我们在纵轴上表示每单位土地的年度边际价值产品，在横轴上表示以均质物理单位（英亩）测算的土地数量。曲线 MVP 表示年度边际产品乘积随土地使用数量的增加而下降的方式，也表示在已释放土地数量的情况下，在购买者自由竞争年度租赁土地服务的市场中出现的每英亩价格。例如，数量为 Q_1 时，年度租赁 1 英亩土地的价格是 V_1。土地的总供应量为 OS，通过作图，使用土地的数量达到 OS 或之前时 MVP 为零。

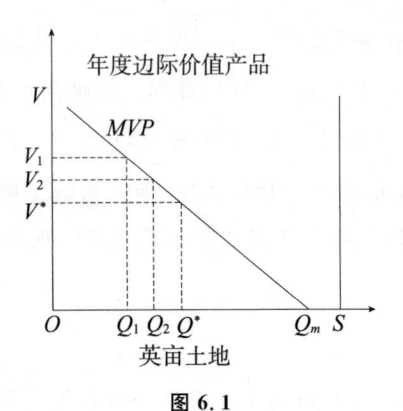

图 6.1

130　　征税的权力

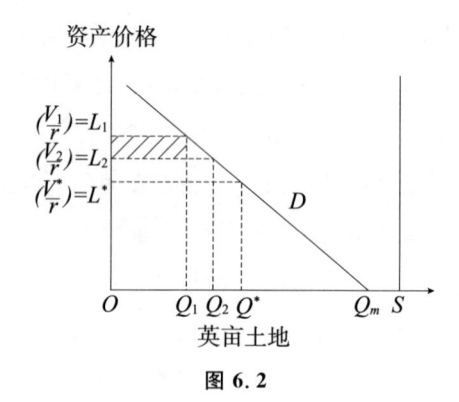

```
      资产价格
        │
(V₁/r)=L₁┤░░░░╲
(V₂/r)=L₂┤░░░┆░╲
(V*/r)=L*┤    ┆ ┆ ╲
         │    ┆ ┆  ┆╲   D
         │    ┆ ┆  ┆ ╲
         │    ┆ ┆  ┆  ╲
         O────Q₁Q₂Q*───Qₘ──S
              英亩土地
```

图 6.2

但是,在我们的模型中,购买者不获得年度租赁,而是购买永久使用权。如果土地数量 Q_1 在第一时期被释放出售,并且 Q_1 是无限期存在的土地数量(如果认为这将是唯一一次土地出售),那么每英亩价格将是年度边际价值产品的资本化价值 L_1(如图 6.2 所示),即

$$L_1 = \frac{V_1}{r} \tag{1}$$

其中,r 表示替代资产的实际收益率。但是,假设购买者的期望结果是错误的,也就是说,政府在第二时期向市场释放了额外的 (Q_2-Q_1) 单位,从而使总供应量成为 Q_2 单位。进一步假设购买者再次相信这是最后一次释放土地,那么新的土地价格 L_2 将是使用 Q_2 英亩土地时获得的年度边际价值产品的现值,即

$$L_2 = \frac{V_2}{r} \tag{2}$$

土地价格从 L_1 下降到 L_2,给第一时期的购买者造成了资本

损失。在这种情况下,释放额外单位的待售土地将成为第一时期所有购买者的资本税。

假设所有购买者都期望每个阶段的数量是永远不变的数量,我们可以把图 6.2 中的每单位土地价格表示为 V/r,V 从图 6.1 确定。曲线 D 表示每英亩土地价格如何随使用量的变化而变化,并且与曲线 MVP 相同,纵轴以价格 L 表示永久年租金流 V 或 V/r。在图 6.2 中,可以用阴影面积 $(L_1-L_2)Q_1$ 表示第一时期购买者的损失:这是政府能够通过"欺骗"第一时期的购买者而获得的额外税收。

当然,如果事先知道释放出售土地的准确时机,那么每"一代"购买者都会为获得土地所有权而只支付土地产生的未来租金流的资本化价值。因此,"第一代"购买者准备为每单位土地支付价格 P_1,即

$$P_1 = V_1 + \frac{V_2}{1+r} + \cdots + \frac{V_n}{(1+r)^{n-1}} + \cdots \tag{3}$$

其中,V_i 表示第一时期土地的边际价值产品,是第 i 时期使用的土地总供应 Q_i 的函数。

在这种情况下,如果所有购买者都完全了解释放出售土地的时间模式,那么他们就不会承受任何资本损失:每位购买者将获得正常的土地收益率。相反,政府无法从意料之外的土地出售中获得额外税收。在完全预期的情况下,政府(垄断者)会采取何种税收最大化策略呢?

由于这种释放出售土地的时间模式是已知的,税收最大化策略旨在使每个时期土地存量的租金价值最大化。在图 6.1 中,用

V^* 表示该最大值，土地供应为 Q^* 时出现的最大值，并且从曲线 MVP 中推导出，这与我们在第三章和第四章中分析的单期情况下得出税收最大化税率的方式完全相同。特别注意"边际成本"为零的情况。对于曲线 MVP，Q^* 是 Q_m 的 $1/2$。这一税收最大值取决于我们的假设，即土地的总数量足以满足所有需求，并且土地是无限耐用的。政府将在第一时期释放全部的税收最大化供应 Q^*。未能在第一时期释放的土地数量会导致该时期不必要的税收牺牲。

与单期情况类似，这种税收最大化税率主要取决于一种假设，即购买者可以完全准确预测未来的土地释放。但是，如同第五章所讨论的资本税情况一样，只有政府做出购买者认为有效约束的约束性承诺，土地购买者才会对政府未来释放出售土地的预测有把握。如果个人不相信只要政府拥有土地，土地出售就是最后一次，那么他们不会以任何价格购买土地。我们先回到第五章所讨论的困境。具有相互约束力的协议可以让个人和利维坦政府的境况变得更好。在土地示例中，破坏土地总供应中的一部分可能就足够了。

但是，假设个人在预期上并非完全"理性"，他们只是预测每个时期的土地供应是无限期的，但没有任何保证。在这种不完全预期的情况下，政府的税收最大化策略是什么？在这里，政府可以获得土地中的全部盈余。在每个时期增加额外单位的土地，土地价格就可以沿着图 6.2 中的曲线 D 来表示，曲线 D 下方的面积表示政府的总税收。[5]

6.3 通货膨胀和货币余额税

比较货币与土地。货币在某些方面与示例中的土地相似,但在其他方面则与土地完全不同。相似之处在于,供应的时间表决定了每个时期的"价格":在确定当前价格时会考虑未来向市场的全部释放。如果个人对这些未来释放的期望有误,那么他要承受资本损失,政府可以将其从出售中获得的税收提高到"最大税收" L^*Q^* 之上。同样,货币需求取决于对政府未来释放货币数量的预期。如果这些预期是错误的,那么对货币供应未来走势的预期完全准确时,政府获得的税收会远远超过最大税收。

有必要将这一问题概念化,使其尽可能类似于之前介绍的土地例子。在图 6.3 中,D_m 可以表示实际货币余额的"需求曲线"。在横轴和纵轴上定义要测算的单位时必须谨慎。在横轴上,可以测算实际货币余额的数量,但是可以以初期美元单位 M_0 来定义实际货币余额。在纵轴上,我们要测算个人在永久持有不同数量(这么来测算的话)的实际货币余额时所面临的"价格"或当期资本化成本。

在概念化过程中,图 6.3 中的实际货币余额需求曲线类似于图 6.2 中的土地需求曲线。但是,这里的货币和土地有重要的区别。如前所述,土地供应或存量直接以物理量单位(英亩、平方英里或平方英尺)进行测算。预计在生产使用中的物理单位的数量决定了人们愿意为获得永久使用权而支付的价格。垄断供应商可以改变可供出售的物理量,以确定价格或价值。

货币在这方面有很大的不同。货币究竟是以美元、角钱还是美分为主,这都不重要。名义货币单位的数量不能直接确定人们对既定存量赋予的价值,尽管可以允许政府直接控制这一参数。名义货币的垄断发行者只能改变通货膨胀率(即名义单位存量的增长率),以确定人们对提供货币服务既定制度所赋予的价值。在固定或无增长的经济中,零通货膨胀制度会给政府带来初期资本价值(以初期货币单位 M_0 定义),完全等于初期创造的单位数量。简单来说,该货币存量以及获得实际货币余额数量(由需求曲线上的某一点来表示)的永久"权利"的每单位价格将为 1 美元。因此,在这种非通货膨胀制度中,政府垄断特许权的资本化价值可以用图 6.3 中 $OJCS$ 的面积或间距 OJ 度量。

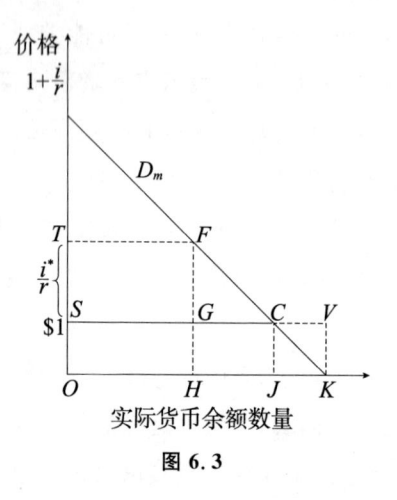

图 6.3

在通货膨胀制度中,测算一个单位的实际货币余额的资本化价值相当复杂。要永久维持一个单位的实际货币余额,个人必须承担当期的资本化"成本",该成本大于以货币资产形式持有的初

第六章　货币创造与征税

期美元数量。因此，以 M_0 定义的一个单位的实际货币余额的"价格"必须大于一美元。相反，相较于通货膨胀率为零的情况，在通货膨胀率为正的情况下，政府垄断特许权的价值必须是每单位实际货币余额更大的价值。

要永久维持的一个单位的实际货币余额的"价格"（定义为一美元价值的 M_0），可以按照以下方式计算：

1. 以货币资产形式持有的初期 1 美元"价格"的当期或初期部分；加上

2. 为维持相同的（和所需的）实际余额存量而增加到所需货币余额初期分配资源的增量的现值。（在非通货膨胀制度中，不需要增加增量，第二项为零；如上所述，1 美元价值的永久实际余额的资本价值是 1 美元。）

在事先公布且永久为正通货膨胀率 i（各个时期的不变量）的制度中，每个时期必然存在资源需求的增量。要获得当期资本化价值，这些增量必须适当折现。以现值计算，这些增量的总成本为

$$\frac{i}{1+(i+r)} + \frac{i(1+i)}{[1+(i+r)]^2} + \cdots + \frac{i(1+i)^{n-1}}{[1+(i+r)]^n} + \cdots = \frac{i}{r}$$
(4)

因此，以 M_0 美元表示 1 美元价值的实际货币余额的"价格"为

$$1 + \frac{i}{r} \text{ 或 } \frac{r+i}{r}$$

税收最大化的政府会选择税率 i^*。根据货币需求 D_m，税率 i^* 最大值为

$$(1+\frac{i}{r}) \cdot M \tag{5}$$

因为货币是无价的。[6] 推导出这一最大值的条件是

$$\frac{d(1+i/r)M}{di} \tag{6}$$

或 $\dfrac{dM}{M} \cdot \dfrac{\frac{r+i}{r}}{di} = -1$ (7)

已知条件要求图6.3中曲线 D_m 的价格弹性必须是1。注意，这个问题等同于上述讨论的土地垄断者所面临的问题。区别在于，只有改变税率 i，才可以改变任何存量的实际货币余额的价值，而不是独立可测算的实物数量。

对于线性需求曲线，税收最大化解取决于边际收入等于边际成本（这种情况下为零）时的实际货币余额数量，以图6.3中的 H 来表示。注意，此解中的实际货币余额数量是"最优"制度下该数量的一半，其中，负通货膨胀率必须抵消正的实际利率。[7]

与税收最大化政府有关的考虑因素不同，这里的公式可以评估永久性和持续性通货膨胀制度的真正机会成本。使用公式 $M_0(1+i/r)$，选择 i 和 r 的值，可以确定不同制度下一个单位的实际货币余额的资本化成本。例如，假设 i 为 10%，r 为 2%，这可以合理描述美国1980年的情况。在这种情况下，以 M_0 计价单位定义，1美元价值的实际货币余额的资本化成本是6美元。这可以简单而明确地表明，在由这些参数描述的持续性通货膨胀制度中，以货币资产形式维持一个单位的资源价值的成本是在非通货膨

制度中维持一个单位的资源价值的成本的六倍。即使正通货膨胀率仅与实际利率一致,维持实际货币余额的成本也比零通货膨胀情况下的成本高出一倍。

上述分析仅适用的情况是,假设政府能够从一套替代性永久通货膨胀制度中选择一种,而且通货膨胀率具有时间稳定性。个人和政府都将认为这种选择具有约束力。在土地示例中,我们注意到,政府垄断者可以破坏土地总存量中的一部分,以防止进一步开发。但是,即使没有这种保护措施,额外释放的出售土地超过初期提供的税收最大化数量的话,也会让政府的增量收益趋于零。货币与土地在这方面也有很大的不同。政府可以无限增加名义货币存量,不会限制也不必让额外增量的价值趋于零。例如,如果民众相信当前每增加一次货币存量都将是最后一次增加,那么政府每个时期可获得的实际税收会接近 $OJCS$(图 6.3)。政府适当增加名义货币单位的数量,可以将所有先前存在的单位的价值降低到微不足道的程度。在每种情况下,所有人都认为增加货币存量是货币的再次贬值。但是每个时期都会出现这种"再次"贬值的情况。当然,这样的预期完全合理,但关键是,即使存在这种预期,土地示例中也不可能出现相同的结果。

这其中的关键问题是对一系列合理预期的描述。纳税人-货币持有者会认为什么才是合理的政府货币策略呢?在这种情况下,什么样的预期是"理性"的?答案显然取决于纳税人-货币持有者对政府的最大需求,以及他认为可适用的限制(选举等)的严格程度,即取决于隐含地影响纳税人-货币持有者-公民行动的"公共选择"模型。为了与本书其他地方的讨论保持一致,我们想研究某种特定"公共选择"模型(即利维坦模型)的影响。我们认为该模型与现实政治世界有着潜在和实际的联系。

6.4 利维坦政府下的通货膨胀预期

要全面探讨在利维坦政府下个人对通货膨胀的合理预期问题,[8]就要分析三种简单情况:

1. 在三期模型中,政府为永久性利维坦政府。
2. 在无限期模型中,政府为永久性利维坦政府。
3. 在无限期模型中,政府为盖然性利维坦政府。

在每种情况下,假设政府以支付税款的方式接受法定货币,从而确认货币存量的隐含资源基础。假设存在其他重要的税种,以确保债务不仅仅可以吸收法定货币发行的还本要求。

永久性利维坦政府:三期情况。假设在第一时期,政府释放了100个单位的初始货币存量,纳税人认为第二时期政府不会增加货币供应。他们会用一定数量的实际商品与服务(以第一时期的价格计算,其价值为100美元)来换取货币存量。到第二时期时,税收最大化政府显然想将通货膨胀最大化。例如,如果政府将货币存量增加到1000个单位,而个人认为不会再出现通货膨胀,那么货币只会贬值,导致新价格是原价格的10倍。到第二时期通货膨胀时,政府获得实际商品与服务的数量等于其最初获得数量的十分之九。在第三时期(也是该模型的最后一个时期),政府只允许个人使用现金,以第二时期的价格支付其税收负担,即按第一时期的价格实际支付100美元,或者按第二时期的价格支付1000美元。政府获得的额外税收等于货币存量价值的十分之九(通货膨胀预期为零时)。结果是,个人接受货币(无息债务)时,最初"贷给"政府的实际资源可以用货币计算。他们在第三时期只能以第三时期的价格"回购"减免的税收。通货膨胀使政府能够自己创造资本收益,其价值实际上相当于初始货币存量的全部实际价值。要注意的是,这种最大限度的通货膨胀刺激措施与个人的通货膨胀预期无关。如果公民认为货币存量会增加10倍,那么只有到货币交易可以弥补通货膨胀造成的资本损失时,他们才准备持有货币。第一时期的价格(即商品和货币的相对价值)将等于第二时期的价格减去持有货币本身的边际效益。无论初始价格水平如何,最大限度的通货膨胀都符合利维坦政府的利益。

表 6.1

纳税人	政府	
	(1) 最大通货膨胀	(2) 约束
(1)持有现金	$[-a, +c]$	$[+a, +b]$ $c > b$
(2)零货币余额	$[0, 0]$	$[0, 0]$

如果理性的公民发现最大限度的通货膨胀(与通货膨胀预期无关,因此也与初始价格无关)是利维坦政府的主要策略,那么他根本不会持有现金余额。纳税人与政府之间的相互关系与资本税方面出现的关系完全相同,[9]可以用6.1中的博弈矩阵来表示。纳税人会意识到,如果他持有现金,那么政府会最大化通货膨胀率,因此施加的成本会高于没有持有现金余额所产生的成本。表6.1中最底下一行就是预测的结果,纳税人和政府的收益为零,虽然双

方都可以在右上方的单元格中获得正收益。

永久性利维坦政府:无限期情况。众所周知,在长时间玩游戏时,尤其是没有终点的话,上述类型的游戏更有可能产生更优解。即使在没有明确货币宪法的情况下,政府也可以合理避免在每个时期遭受最大限度的通货膨胀,期望可以诱使个人持有正现金余额。由于持有正现金余额的必要条件是公民认为政府不会发生最大限度的通货膨胀,因此营造出一种公民持有这种观点的氛围非常符合政府的利益。为此,利维坦政府需要采取限制策略。

很显然,结果就是个人持有正现金余额,而利维坦政府自愿限制新货币的创造。但是这种结果本质上非常不稳定。如果可以实现这样的"均衡",那么似乎有理由表明,在隐性协议破裂后也可以实现。在这种情况下,利维坦政府偏离"均衡"所付出的代价取决于个人持有零货币余额的期数(非无限),直到重建约束政府的信心。因此,周期性偏离这种约束可能符合利维坦政府的利益。[10]

哈里·约翰逊描述了玩这种游戏的一种简单形式。[11]约翰逊在其讨论中假设(像古诺一样)公民认为政府在每个时期都会以前一时期的速度发生通货膨胀。在这种简单情况下,约翰逊指出,利维坦政府偏离稳定的通货膨胀均衡,让通货膨胀率高低交替是合理的。换言之,固定的通货膨胀率策略取决于通货膨胀高低交替的政策。

正如约翰逊所言,在这种模型下归因于公民的这些预期似乎值得怀疑。但本质上是,在这种情况下很难对预期进行建模。如果通货膨胀率小幅提高,让公民相信即将出现更高的通货膨胀率,那么这会导致个人货币持有者迅速减持现金。另外,货币存量发

第六章 货币创造与征税

生重大的变化几乎不会导致实际货币余额或通货膨胀率发生变化。在这里似乎无法预测为应对货币存量变化而对所需实际货币余额(以及价格)做出的调整,但是这种调整似乎非常不稳定。不用说,完全预见情况下的"税收最大化通货膨胀率"完全不适用于这种情况。实际上,除了预先决定的固定货币规则外,这种通货膨胀率必须要受到其他规则的影响,因为只有这样的规则才可以完全预见。同样,从货币创造权中可以获得税收的数额必定令人怀疑。在没有既定货币规则的情况下,个人愿意持有货币余额的水平,完全不同于他们在完全预见的情况下所持有的货币余额水平。无论这对税收潜力产生何种影响,就预先决定的盈余而言,福利成本在没有固定货币规则的情况下会更高。正如第五章讨论资本税的情况一样,如果政府可以自主决定有效税率,那么福利损失肯定会比事先决定税率情况下的福利损失更高。

盖然性利维坦政府。如果假设政府只是偶尔具有利维坦属性,那么该以何种方式改变上述模型呢?永久性利维坦模型的有趣特征之一是,政府似乎无意于采取行动来最大化其每个时期的总税收。类似于利维坦的属性并不总是很明显,因为未来时期内预先决定税收的成本会超过当期获得税收的收益,至少在一定范围内会如此。

实际上,对于盖然性利维坦政府来说,未来时期发生税收损失的可能性几乎不重要。这些成本并不会由税收最大化政府承担。当且仅当税收最大化政府执政时,预计它会发生最大限度的通货膨胀。只要纸币有价值,政府就会继续印钞。

从某种意义上说,该模型将附加的波动性因素纳入了纳税人-

公民的预期之中。如果认为政府具有类似利维坦的特征，那么个人向市场投放现金时，很快就会导致通货膨胀。这种通货膨胀基本上与增加货币存量无关。纳税人-公民会意识到，永久性利维坦模型内含的适度约束在这种情况下不起作用。甚至通过通货膨胀，大规模剥削的风险也不一定足以防止个人完全持有现金。但是，在确定所需的实际货币余额的数量时，要合理考虑此类风险。

有趣的是，纳税人-公民实际上有可能从"良好"政府的相对频数中得不到任何好处。如果政府有权创造货币，那么持有现金的公民仍然会被执政的盖然性税收最大化利维坦政府剥削。潜在剥削的成本可能与持续性税收最大化利维坦政府剥削的成本相差无几。

6.5 通货膨胀、资本税和货币的耐用性

前文分析主要运用了我们先前讨论资本税的观点，这里需要指出，货币余额征税区别于其他大多数资产征税。例如，假设政府在时间 t_1 宣布未来（比如在时间 t_3）增加一定数量的（比如 $x\%$）货币存量。如果预先通知相同，按照相同的税率，这种税与威士忌酒税或其他某些实物资产税有何不同？答案是，虽然威士忌可能会让人喝醉，物质资本会贬值，但是货币没有内在价值，物质上也不会腐烂。货币持有者对预期的通货膨胀做出唯一可能的响应就是用货币换取其他东西。初始名义货币存量仍然存在，并且考虑到其预期贬值，会完全调整价格。因此，对增加货币存量预先通知的程度并不重要，虽然其他大多数资本资产的情况并非如此。

在标准文献中，缺乏调整前景是税收的合理特征。实际货币

余额将在未来通货膨胀公布后进行调整,但由于社会中的某人必须继续持有全部的现有名义货币单位,因此不存在净"逃避"通货膨胀税的负担。严格意义上讲,福利损失是最小的。正是由于这一特征,与标准的资本税形式相比,货币创造权更有可能对纳税人进行财政剥削。

6.6 通货膨胀作为一种税收的传统讨论

在这方面,有必要将我们对通货膨胀作为一种税收的讨论与传统观点进行比较。这基本上遵循了托尔·贝利1956年在其文章中所采用的方法。[12]这里会简要回顾一下这篇有影响力的文章。贝利讨论的核心部分是类似于图6.3的一张图表。图6.3体现了永久可用单位的真实货币余额的资本化价值,贝利的图表是基于单期或时间变化率的维度。贝利的目标是以一种"完全类似于商品消费税的福利成本或'超额税负'"的方式衡量通货膨胀的福利成本。[13]为此,贝利分析了通货膨胀率从零增长到i^*,从而导致图6.3中的S向T转变,其中个人期望未来时期的通货膨胀率为i^*。贝利把最终的福利损失衡量为FGC的面积。贝利根据卡根对欧洲恶性通货膨胀的某些分析结果,指出了从不同水平的通货膨胀中每征收一美元税所产生的福利损失量。贝利还为某些国家确定了合理的税收最大化通货膨胀率。

后来的批判观点完善了贝利的分析。正如托尔[14]所言,贝利隐含地假设零通货膨胀制度是最优的,他参照其模型中的零通货膨胀"价格"r(在我们的图表中为1美元)来计算福利损失。贝利将通货膨胀率从零到 i^* 所造成的福利损失表示为 FCG 的面积，而不是准确地表示为 FHK 的面积。这种零通货膨胀基础也会影响贝利对税收最大化通胀率的计算。贝利推导出，税收最大化通货膨胀率以大于零的通货膨胀率使税收增量最大化，而不是使货币创造权的总现值最大化。[15]

这就是对通货膨胀作为一种税收的普遍理论的概述。我们的讨论与这种传统观点有着显著区别。正如我们在前面的讨论中所指出的那样，固定货币宪法（也许是货币规则）盛行的情况与对政府货币行为缺乏此类约束的情况有着根本的区别。

鉴于对政府行为（或可能行为）的合理假设，只有在前一种情况下，理性公民的货币预期才会稳定。政府自主决定货币供应时，公民的预期一定非常不稳定。稍微偏离现状都可能被合理地解释为轻微的异常情况，或者证明要借助于印刷厂来实现税收目的。然而，根据理性公民所采用的解释，他的反应完全不同。基本观点是，在缺乏真正具有约束力的货币宪法情况下，任何货币均衡本质上都必然非常不稳定。

如果承认这种预期困难的重要性，那么可以得出以下结论。首先，贝利模型虽然本质上可以改变成图 6.3 中的结构，但是严格意义上讲，仅适用于约束性货币宪法运行的情况。可以利用贝利模型确定一种货币规则而不是另一种货币规则的福利含义；例如，一种预期通货膨胀率为 i_0 而不是 i^* 的货币规则。但是这种规则不能用来分析周期内提高通货膨胀率的福利含义，因为只有不存在约束性货币宪法，才有可能提高通货膨胀率。同样，贝利模型就像我们的模型一样，可以用来从所有可能规则中定义货币规则，这些规则可以为政府最大化实际货币存量的折现值。如果要求政府选择一种约束性规则并坚持下去,这种计算会很重要。如果不存在这样的货币规则,无须做出这样的预先承诺,那么基本的贝利模型就无法确定政府税收最大化的货币策略。贝利的分析中有趣的特殊情况之一是,在他引人关注的欧洲恶性通货膨胀中,实际通货膨胀率在许多情况下都远超根据其模型参数看似税收最大化的通货膨胀率。政府为何可以决定通货膨胀超出税收最大化的限制,这是个显而易见的问题。政府决策者是恶意的、愚蠢的还是非理性的?答案很明显,他们本不必如此。实际上,政府决策者可能一直追求税收最大化的目的。贝利对税收最大化策略的计算不适用于这种政府运行的情况。不存在约束性规则时,推导税收最大化的货币规则与理解税收最大化的货币策略无关。更笼统地说,"货币规则"分析工具不太能解释我们在没有这种规则的情况下的观察,尤其是涉及恶性通货膨胀的情况。同样,在无法有效约束货币当局的情况下,这些"货币规则"分析工具几乎无法推导出通货膨胀金融的福利成本。

因此,我们的讨论和通货膨胀作为一种税收的传统讨论针对的是不同的问题。我们一直都是按照第三章至第五章中讨论赋予政府权力从其他来源征税的含义的方式,来说明赋予政府创造货币的宪法权威的含义。我们专门分析了在政府自主决定行使货币创造权的情况下的这一问题。有关通货膨胀作为一种税收的传统讨论假设,某些附加的宪法约束阻碍了这种自主权。这种假设试图推导出在这种情况下替代货币规则的福利含义。由于可靠的约束性货币规则无法在实践中运行,因此,无论是引导我们积极解释所观察到的情况,还是可以得出标准的政策结论,这种传统讨论都是可疑的。

6.7 货币宪法

利维坦政府有可能剥削货币创造权的收益潜力。公民在思考赋予政府独立货币创造权的可能效力时,要在其宪法审议中考虑这种可能性。分析表明,很难(就算有可能)构建一种观点,为这种权力的无限分配提供连贯的逻辑支撑。同样,货币创造的宪法规则是有效的财政-货币安排中被考虑的替代方案之一。一方面,利用传统的税收工具发挥其最大收入潜力时,它们会产生相当有效的公共产品供应水平。如果选择这些税收工具,那么公民会希望防止通过创造货币来额外征税。可以在宪法上禁止政府创造货币的特许权。另一方面,个人可以拒绝政府利用标准税收制度为预期的公共开支水平融资,但允许政府利用通货膨胀式融资的选择。虽然对大多数税收而言,税基分配足以,但是在这里,甚至对利维坦政府而言,税率限制可能也是合理的。从这个意义上讲,与我们迄今所讨论的财政约束(包括税基和最大化税率限制)相比,体现了有关货币扩张程度的某些规则的货币宪法必然更具限制性。

宪法上选择,并强制执行的通货膨胀率可以为政府提供充足资金,为估算的所需公共产品数量融资,这不会陷入先前讨论的信心困境。之所以出现这种差异,恰恰是因为通货膨胀率是宪法上选择的,是对政府强制执行的一种规则,而不是政府公布的意图。在宪法选择一种制度为政府支出融资的情况下,通货膨胀的确是针对货币余额的一种简单税，可以与对资本存量征收的其他税一起考虑。其他税的制定必须体现出宪法规定的税率是可接受的。

本书的目的不是讨论最优或预期的货币宪法属性，这可能包括，也可能不包括宪法规定的通货膨胀率作为一种可行的替代方案。本书的目的只是将通货膨胀当作一种税收，以确定这种财政工具与以利维坦形式建模政府的公民的选择计算相一致的前景。

但是，根据先前对资本税的一般性讨论，贝利的分析和所有相关文献似乎都忽略了"货币宪法"的一个方面，但在这里概述的情况下却非常重要。贝利的分析和后期的文献只关注不同通货膨胀率造成的福利损失。但是，通货膨胀（稳定的、完全事先公布的、具有法律约束的）不仅扭曲了资产选择，决定了政府税收的规模，还决定了使创造货币权力成为可能的税收流的时机。

例如，假设经济平稳，零通货膨胀的货币宪法意味着在这种限制下，在货币供应的初期就可以增加货币创造权的全部税收价值（用图 6.3 中的 $OJCS$ 表示）。相比之下，体现固定的正通货膨胀率 i^*，约束性不太强的货币宪法可以将货币创造权的总现值增加到图 6.3 中 $OHFT$ 所示的资本化价值。但是在第一时期，政府只能获得一部分现值。随着通货膨胀的发展，附加值以相等的年度增量积累，而 $SGFT$ 的面积表示按实际计算这些增量的现值。同样，在弗里德曼的分析中"最优"通货膨胀率包含货币存量的初始值 $OSVK$，但按现值计算的年支付利息正好等于该初始价值。

如果在利维坦政府或者在有这种可能的情况下，利用货币创造权为所需的公共产品与服务融资，那么这种时机模式就很重要。要提供所需的公共产品时间流，个人需要不断开支。在持续性仁慈政府情况下，我们会想到一种情况，即初期"出售"货币可以建立偿债基金，从中获得的利息可为不断的开支融资。一旦有可能出现税收最大化的利维坦政府，这种可能性似乎就不可取：偿债基金肯定不会存在于利维坦政府非执政时期。由于通货膨胀会随着时间分配税收，因此在通货膨胀率为正的货币规则下，税收时间流中的积累问题就不那么严重了。例如，宪法规定的通货膨胀率从零上升到图 6.3 中的 i^* 时，第一时期货币存量的初始实际价值会从 $OSCJ$ 下降到 $OHGS$，但由于未来通货膨胀而产生的税收的现值会从零上升到 $SGFT$。要使每个时期的税收流均等，通货膨胀率必须为 100％：每个时期的名义货币存量都会以相同的比例增加。

因此，宪法规定的通货膨胀率增加到 100％时，税收流的时间特性会更加合理。另一方面，福利损失会增加，超过一定程度时，总税收会随着货币规则中通货膨胀率的上升而下降。可能需要在这里进行一些权衡。似乎很清楚的一点是，一旦遇到了这些时机问题，即使在所用模型的限制范围内，弗里德曼的"最优"货币规则也可能不是最优的。通货膨胀率是负值还是零，都不是优选项，适度的高通货膨胀率才是。

这里要说明的是，仅靠货币法则不可能摆脱货币创造权的税收影响。这可以有力地证明，要依赖不完善的市场选择，要否认政府在任何情况下的创造货币的权力。

6.8　通货膨胀和所得税收入

本章关注的是货币创造作为一种税收手段的直接影响，忽略了通货膨胀对货币创造与所得税交叉产生的税收的间接影响。主要的公共财政专家对此更为熟悉。这些间接影响可分两种。第一种间接影响最明显,即在缺少反补贴措施的情况下,通货膨胀使得实际的累进所得税税率提高,将纳税人推向更高的税级。

这些无谓的通货膨胀影响不如明确提高税率明显时,可以得出结论,通货膨胀为政府提供了一种谨慎而又不引人注目的额外征税手段。这种可能性几乎无法完全符合我们的分析框架。我们没有在其他方面引入"财政幻想";到目前为止,整个讨论都是在纳税人完全理性的关注下进行的。纳税人完全意识到了利维坦政府毫不掩饰的剥削。税收最大化税率会达到既定的累进程度,但超过某种程度,提高这些税收最大化税率只会让税收减少。有关这一问题的讨论属于我们对财政幻想的分析,为节省篇幅,本书不涉及这种分析。[16]

第二种间接影响不是取决于累进,而是取决于通过对财产收入和劳动收入征税,所得税在多大程度上包括资本税要素。如第五章所述,假如对名义财产收益征税,那么提高通货膨胀率可以提高这种资本税的征税程度。例如,如果通货膨胀率为9%,而实际收益率为3%,那么25%的名义所得税税率就等于对财产收入征收100%的有效税率。将通货膨胀率设定在所需水平的话,即使休闲和工作之间的需求弹性不同,当期和未来消费之间的需求弹性也完全不同,所得税在没有明显差别的情况下也可以从劳动收入和财富中获得最大税收。如果仅对消费支出征收这种"所得税",那么当然不会有这种可能性。

6.9 货币规则和税收规则

即使只是简单讨论,在考虑需多加讨论的货币规则时也会出现两大特征。第一个特征涉及货币规则中的"效率"或"最优性"概念,第二个特征涉及政府运行的基本预设。这些特征共同表明,至少在某些方面,对货币法则的讨论为我们的基本分析模型提供了合理的导入或建立了合理的联系。

如本章的分析所示,"通货膨胀作为一种税收"的福利经济学必然会引起人们对多个时期序列中的通货膨胀率的关注。从分析上来讲,参考单期模型中的"最优"通货膨胀率毫无意义。因此,在货币情况下,"最优性"或"效率"必须参考可以体现多期维度的政策。

在现值计算中,如图 6.2 所示,必然会出现模型的多期维数。运用贝利的分析时,出现不明确情况的原因之一可能来自单期模型或流动模型,这掩盖了该模型的意义仅限于其他永久性制度这一事实。多期情况与单期情况形成了鲜明对比。在单期情况下,假设大多数等额税收模型决定税收分配的"最优性"。实际上,对货币规则的讨论必须是准宪法的,因为"规则"本质上必须在未来保持有效性。

与税收规则相比,从通货膨胀作为一种税收的福利分析中得出的最优货币规则或最优通货膨胀率的定义显得有些奇怪。正如弗里德曼所言,并且如上所述,在标准模型中,"最优"通货膨胀率是正实际利率的负抵消。如果经济中的实际利率为 2%,那么"最优"货币规则在每个时期的通货紧缩率就为2%。这种最优性的逻辑基础在于，创造名义货币的成本为零（或接近于零）。要防止人们在货币使用上不经济的节约行为，必须以其真正的边际成本来使用货币，根据机会成本将其定义为经济中资产的无风险收益率。只有让货币产生正收益，才能确保有效的个人投资组合调整。但是，要实施这种货币规则，必须要求政府创造足够的预算盈余，以考虑到货币存量逐期减少的情况。

在这种情况下，货币领域不会产生超额税负，不会造成效率损失。"货币使用者的盈余"的全部价值（用于交易的货币价值）由使用者自己所得。政府不会获得这部分价值：不允许政府获得其拥有的创造货币权力中所隐含的任何租金。

将"最优性"与标准的税收分析放在一起之前，这一概念似乎简单易懂。例如，在商品税中，可以很容易地推导，并证明等价"定理"，即任何商品的"最优"税率都为零。在这种情况下，不会产生超额税负，效率损失为零。在竞争性环境中，消费者可以获得商品生产的全部租金。由于这种结果可以应用于获得的商品，因此它必须应用于每种商品，实际上也必须应用于所有可能的税基。但这不意味着，税收的最优性是指所有潜在税基的税率为零。[17]

通过对整个分析的假设，政府必须征收一定的税收，我们必然处于一种必须预期一定超额税负的体制中。一旦意识到这种情况，就可以将偏离所谓的最优货币规则中引入的货币余额隐性税与其他可能税基的税进行比较，然后可以确定税收的某种整体最优性。这一切都要遵循传统税收分析的框架，这种评论绝不取决于宪法视角或利维坦视角。

从利维坦视角看，理性选择某种货币规则并不是先验确定的，至少与其他税基征税效应和对政府提供服务的需求有关。与啤酒的最优税相比，货币余额的最优税无法单独确定。

货币规则讨论的第二个特征涉及政治过程运行的隐含假设。许多经济学家向来面临着一种矛盾，即可以在某种程度上"信任"政府会根据效率和公平标准来合理分配税收份额，但不能信任该政府会在所需范围内创造货币。这些经济学家倾向于支持货币规则，似乎要按宪法来强制执行这些规则，然而他们忽略了税收规则，甚至反对引入此类约束。[18]这里的异常情况源于观察到的通货膨胀率，这似乎与代表政府及其军队等机构的"负责仁慈"模型不符。相比之下，将税收水平提高到超出所需限制范围的情况不太容易观察到，也不太会直接影响公民的看法。

尽管如此，在货币政策行动方面，以非仁慈方式建模政府行为的趋势，似乎为接受本书提出的这种模式的普遍性，特别是扩展到政府税收行动方面建立了联系。在货币政策领域的"规则与自主权"辩论中，规则一方赢得支持时，认真思考"宪法税收规则"取代"自主决定的税收政策"的前景必然会得以改善。

第七章 公共收入分配

只有提供公共服务可以获得回报,且二者成正比时,才会提供最好的公共服务。

——亚当·斯密,《国富论》

第三章至第六章,我们主要关注如何使用税收制度的宪法选择来限制政府活动的整体水平,即从经济中的私营部门撤回资源。为了聚焦宪法财政选择的这一方面,假设政府税收的分配是外源设定的,即与税制本身无关。这里的"分配"指的是直接用于生产或提供纳税人-消费者所看重的商品或服务的税收与直接用于为政客-官僚提供特殊待遇(金钱和非金钱)的税收之间的混合部分。如定义所示,税收分配是财政体系效率中的重要因素,重要性不亚于先前分析的税收水平。[1]本章主要关注的是收入分配问题。

这里分析的情况与前几章相同。我们正在分析个人在宪法阶段的选择计算,在此阶段,他要选择适用于多个时期序列的税收或财政手段。在这一阶段,假设个人无法预测自己在相关序列中的经济状况。进一步假设,对政府的类似利维坦倾向的唯一控制就是对政府加以宪法控制。选民-纳税人基本上不能影响政府在后宪法政治情况下的财政活动。

先前的讨论证明了潜在纳税人-受益人会如何使约束内置于有效的税收宪法中,从而限制政府的总税收需求。但是,潜在的纳税人-受益人会如何同时确保用税收为其看重的商品与服务融资呢?一旦赋予利维坦政府征税权,该如何阻止它利用税收来实现其特定目的呢?在历史上的某个时期,君主利用大量税收来装备,并维持所任命的法庭。[2]近代,冗员、高薪、无数特权和相称的工作条件成为政府机构的特点。

当然,可以设想出各种机制,防止税收过度偏离提供公共服务的目的。但是,我们在本章要集中讨论内置于税收结构的执行机制。与大多数替代方案相反,税收限制的特殊之处在于,它们在利维坦强制权体系中融入了对行使这种权力以服务"公共利益"的兴趣;安排这些激励措施,以便调动利维坦政府的自然胃口,确保税收在很大程度上按照纳税人所希望的方式来使用。从这个意义上讲,财政宪法具有自我强制性。这种宪法的主要特征是一种特殊的专用形式,本章的分析将会证明这一点。

7.1 模型

本章分析的重点与前几章有所不同,有必要重申一下我们的基本模型。垄断政府(利维坦)提供的公共产品 G 的数量定义为

$$G = \alpha R \tag{1}$$

其中,R 表示总税收收入,α 表示用于公共物品 G 支出的税收份额或比例。前几章分析了对税基和税率结构适当选择的宪法约

束对总税收收入 R 的限制，假设 α 的值在外源上是固定的。在这种情况下，给利维坦政府设定税收最大化的目标（或在通货膨胀经济情况下的价值最大化）是合适的。在尼斯坎南式官僚模型和"纯盈余"模型之间，利维坦政府的目标函数是恒定的。在尼斯坎南式官僚模型中，由于政治过程中固有的限制，[3] α 的值是 1。在"纯盈余"模型中，最大需求是税收超过公共产品的支出。在这两种情况下，α 的固定性都意味着，税收最大化是一种理性做法。在"纯盈余"模型中，最大需求为 $(1-α)R$，在 α 固定的情况下，随着 R 同时最大化。

假设 α 是固定值应该会产生明显的限制效应。α 的值取决于所选的税收制度，本章会直接分析这种关系。我们设想宪法过程建立了"君主制"，在"君主制"下，按照标准方式把"国王"视为效用最大化者。这里的"君主制"和"国王"都是为便于解释而人为构想的。"国王"代表了适当选择的政客和官僚们，他们的行为在后宪法政治情况下会产生各种结果。"国王"甚至代表了在联盟为主的情况下的关键多数派，其中多数派会剥削少数派。无论如何，此联盟的行为就"好像"是最大化效用的实体或国王。

用 Y_k 表示这种行为群体的最大需求，其中

$$Y_k = R - G \tag{2}$$

$$Y_k = (1-α)R \tag{3}$$

在公式(3)中，如果 R 和 α 不相关，那么国王会最大化 R，最小化 α（即设 α 为零）。如果 α 与 R 某种程度上呈正相关，那么最大化 Y_k 不需要最小化 α。意识到国王最大化问题的这一方面，可以为潜在纳税人-受益人在选择最先赋予国王税收工具时的宪法策

略创造前提条件。

在深入解释该策略之前，必须仔细说明国王与政治团体中其他成员的关系。如果预期政府提供的商品与服务 G 在非排他性意义上是真正"公共的"，而且国王与其他人共享收益，那么 α 就不会降至零，即使它的值完全由国王所掌控。也就是说，如果国王的效用函数 U_k 包含自变量 G 和可以专享的私人可分割商品这一自变量，那么严格的最大化计算意味着要提供一些 G，以及假设在没有积累的情况下一定的 α 值。为简化此处的讨论，首先假设国王完全不在政治团体中其他成员的范围内，因为他没有从提供 G 那里获得正收益，即使 G 被视为所有其他成员的集体消费商品。第 7.4 节介绍了一种更为复杂的模型，该模型允许国王成为公共产品收益的共享者，并且/或者将 G 视为国王效用函数中的一个直接自变量。第 7.2 节和第 7.3 节假设国王没有从公共产品供应中获益，并且国王获得的盈余纯粹是社会遭受的损失。在不失去主要结果的情况下，可以大大削弱这两个假设，但一开始就便于分析更极端的情况。

7.2 纯盈余最大化下的公共产品供应：几何分析法

利维坦模型的特征是，在没有迫使国王采取不同行动的限制下，他会将 α 的值设为零。也就是说，国王将不提供公民看重的公共产品 G。国王只是会最大化税收 R，利用全部税收为其消费商品与服务融资。我们要提出的问题是：在宪法阶段，是否有方法可以选择税收制度，使 α 的值不会设为零，至少会提供一些 G?

根据我们对后宪法时期政治过程的类似利维坦假设，潜在的纳税人-受益人无法直接控制政府所提供的 G 的数量。如何可以诱使国王提供一定的正数量作为其效用最大化行为的一部分呢？如果提供 G 可以增加总税收，从而增加 Y_k，那么可以诱使国王这么做。也就是说，只要 α 与 R 之间呈正相关，在某些情况下增加 α（为 G 融资的税收比例），公式 $(1-α)R$ 的值就会增加。

总收入 R 是税基和税率结构的函数。为了在 R 和 α 之间产生所需的正相关关系，作为 R 主要的决定因素的税基和费率结构必须是可变量，并且在某种程度上与 G 的供应有关。这表明，无论税基是作为支出项还是收入项，必须与 G 的供应成互补关系，这反映在纳税人-受益人独立的行为调整中。

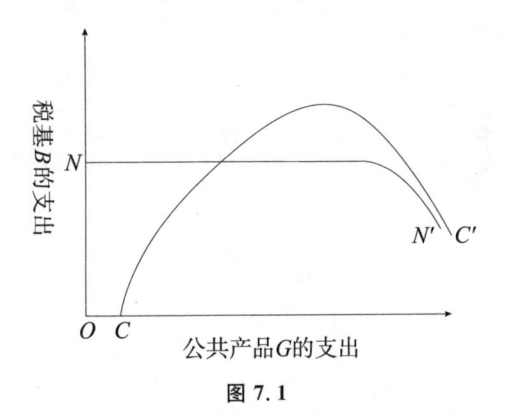

图 7.1

可以安排税基变量 B，使其受到纳税人-受益人的某种直接控制。根据我们的假设，公共产品变量 G 受政府直接控制。因此，可以得出一个反应函数序列，用熟悉的图表来说明。在图 7.1 中，

我们沿横轴测算 G，沿纵轴测算 B，均以美元为单位。以曲线 NN' 为例，在一定生产限制范围内水平绘制该曲线。这表示 G 数量增加时 B 的均衡消费水平轨迹，或者表示纳税人-受益人为每一水平的 G 供应 B 时效用最大化反应所描绘的反应曲线（最优线，脊线）。在曲线 NN' 的相关范围内，请注意，应税税基 B 的"供应"对 G 的供应具有不变性。在这种情况下，政府不会鼓励使用税收收入提供正数量的 G。政府会对 B 征收可允许的最高税率来最大化 R，然后最大化 Y_k，利用全部税收 R 来满足其自身需求的。

将这种情况与 B 和 G 高度互补的情况进行比较。图 7.1 中的曲线 CC' 可以描述种情况。注意，此处纳税人-受益人"供应"的应税税基的数量随政府提供 G 的数量而增加，至少在相关范围内是如此。如图 7.1 中的曲线 CC' 所示，在某些情况下，如果没有正数提供公共产品，就不可能获得税收：除非有一些 G 可以消费，否则个人不会在 B 上开支。

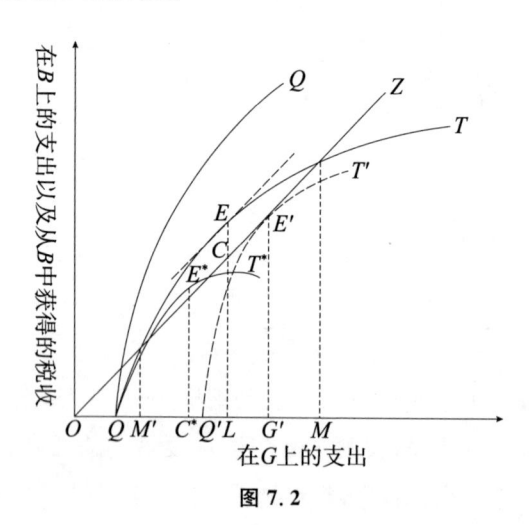

图 7.2

要确定提供 G 的数量,必须说明税收和税基之间的关系。为此,假设政府仅限于特定的税率结构,为便于分析,把税率结构看作是成比例的。这可以让我们在图 7.2 中描述在税收最大化比例税率 t^* 用于特定税基 B 的情况下,个人消费 B 的均衡量与 G 的水平之间的关系。这种关系用曲线 QQ 表示,它与图 7.1 中的曲线 $C'C$ 不同。曲线 QQ 表示在税收最大化税率的情况下纳税人-受益人产生应税税基时的行为调整。(曲线 QQ 在相关范围内高于曲线 $C'C$,低于曲线 $C'C$ 或与曲线 $C'C$ 重合,这种准确的关系主要取决于对税基变量的收入需求弹性。)图 7.2 中的曲线 QT 使得对 B 征收税收最大化税率所得的税收与 G 的供应水平有关。对于每一水平的 G,从横轴到曲线 QT 的垂直距离表示总税收。曲线 QT 和曲线 QQ 之间的垂直距离表示对 B 的税后净支出。

根据图 7.2 所示的这组关系,盈余最大化的国王会在 G 上选择何种开支水平呢?鉴于国王仅限于税基 B 和比例税率结构,可以从原点画一条 $45°$ 的射线 OZ 来解释这个问题。由于所有变量均以美元为单位进行测算,因此射线 OZ 上的某一位置意味着,从该税中获得的全部税收都需要用于供应 G 的支出,没有净盈余。这里同样假设除了所分析的税收工具之外,政府无法利用其他税收工具。如果 B 是唯一有效的税收来源,那么 M' 左侧的位置是不可行的:对 B 征税所得的最大税收不能在此初始范围内维持最初创造此类税收所需的 G 的水平。M' 右侧和 M 下方的位置是可行的,因为对指定税基 B 征税可以为所需的 G 的支出水平融资。如果这种关系如图 7.2 所示,国王的盈余在 E 点实现最大化,在 E 点生产更多 G 的"边际成本"等于提供 G 所产生的"边际收益"(其

中 QT 的斜率是 1)。此时，G 的支出用 OL 表示(等于 LC)，总税收为 LE，最大盈余为 EC。先前提到在 G 上开支的税收比例 α 为 LC/LE。图 7.2 表明，税收制度，尤其是选择适当的税基，可以确保国王（或更笼统地说，是垄断政府）利用一部分税收收入为有价值产品融资。如果税基与 G 之间没有这种关系，那么 G 的支出将为零。在这种情况下，国王会这么做，以最大化其效用，无须任何执行机构。

但是，政府或国王的盈余最大化解会产生不同水平的 G，这取决于所选的税基以及税基与公共产品之间的互补关系形式。例如，假设选择税基 B^*，曲线 QT 变为图 7.2 中曲线 QT^* 所示的形状。在 E^* 点实现净盈余最大化。但是，G^* 点不可能是对有价值的公共产品的预期有效支出水平。这样的宪法安排可以提高 α，只不过是为了确保政府承担非常有限的开支水平。

但是，该图确实表明，如果可以不受限制地选择税基，并且这些税基与公共产品之间的互补程度不同，那就可以在宪法上推行最优解。这就要求应该选择这种税基，以便国王在对该税基征收允许的税收最大化比例税时，唯一可行的预算状况要求全部税收都用于提供商品，而且要按照宪法上所预期的那样，用这些税收购买有效的数量。E' 点表示这种解，其中 G' 代表对公共产品的预期有效支出水平，曲线 $Q'T'$ 表明只有 E' 点可以表示政府合理的预算行为。在这一范围内，没有盈余可以让追求税收最大化、追求特权的国王来剥削。在这种宪法"微调"下，确保预期的有效支出水平问题融入了确保税收有效分配的问题。

不受限制的选择这一假设也包括在对该分析的批判中。这样的微调不现实,尤其是人们认识到,对于使用可行的税基,这种互补关系局限于数量方面,甚至在可行的税基集合中,这种关系也是受到严格限制的。对于潜在纳税人-受益人而言,受约束的最优化通常需要在允许国王获得额外盈余与接受不同于所需公共产品的支出水平之间进行权衡。

除了对税基的选择不受限制之外,每种税基都会产生不同水平的 G 和国王的盈余量,我们还必须面对一种可能情况,即没有可行的税基可以限制国王生产 G。可以用图7.3来说明对这种主要观点的某些有效限制。如果所选的税基相对于所讨论的公共产品而言过于狭窄,那么可行的预算解就不现实了。例如,以图7.3中曲线 Q_3T_3 所描述的情况为例,该曲线完全位于射线 OZ 之下。为了说明,假设仅通过汽车空调税为公路融资。在这样狭窄的税基上征收最大化税率,所产生的税收会比维护公路网所需的税收少得多,比建设公路网所需要的税收少得更多。第二种可能情况是,所选税基与公共产品之间的互补性不足以激励盈余最大化的国王提供公共产品。以图7.3中曲线 Q_4T_4 所示的情况为例,该曲线在其整个区间内的斜率都小于1。除非受到其他方面的限制,否则即使这种税基与公共产品具有互补性,国王也不提供产品或让 α 的值为零,从而使自己的盈余最大化。

就所选的税基限制对政府分配税收时的财政行为所产生的纪律影响而言,需要的是一种与公共产品高度互补的税基,并且税基足够广泛,为这种公共产品的供应融资。该税基适用于纳税人-选民可能需要的每一种公共产品,虽然这一点并不完全明显。但是,可以考虑一些确实存在这种所需关系的情况,如公路。在没有路

图 7.3

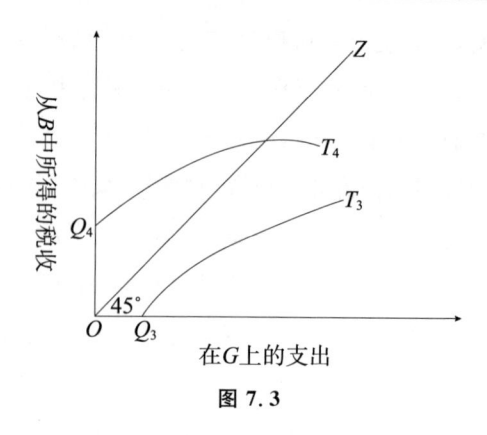

网的情况下，个人几乎不会购买并使用汽车。在有路网的情况下，使用汽车的需求得以"满足"。因此，一般宪法规定，只通过汽车税为公路融资（或许还有其他私人为使用公路而购买的资源，如汽油、机油、轮胎等），这会确保政府，即使在纯盈余最大化国王的模式下，也可以将其部分税收用于公路建设和维护。

7.3 盈余最大化：代数分析法

简单的代数模型就可以充分解释我们的主要观点中所固有的基本关系，以及这些关系必须发挥作用的范围。

在我们的讨论中，假设国王要最大化

$$Y_k = R^* - G \tag{4}$$

其中，R^* 表示可以从指定的税基 B 中所得的最大税收。

税收最大化税率 t^* 应用于税基 B 时，税基 B 的总支出（总税收）用 B^* 表示。例如，在图 7.4 中，D_1 表示对 B 的需求曲线，B^*

第七章 公共收入分配

是 ASTO 的面积。因此,税收 R^* 可以表示为

$$R^* = a \cdot B^* \tag{5}$$

其中 a 表示占总税收 B^* 的比例。

等式(5)中的参数 a 可以重写为

$$a = \frac{t^*}{1+t^*} \tag{6}$$

其中,t^* 表示税收最大化税率,用税后净支出的百分比表示(如第三章至第六章)。

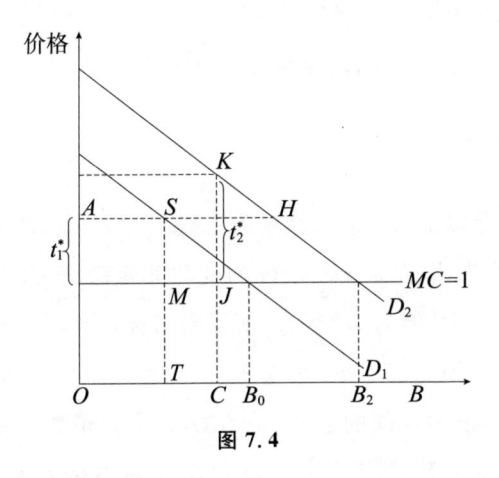

图 7.4

我们已经说明,所选的税基取决于公共产品 G 的公共开支水平。因此

$$B^* = B^*(G) \tag{7}$$

且

$$\frac{dB}{dG} > 0 \tag{8}$$

通常，税收最大化税率 t^* 和参数 a 也取决于公共产品的供应水平。因此，等式(4)可以重写为

$$Y_k = a(G) \cdot B^*(G) - G \tag{9}$$

现在，可以分析政府的最大需求 Y_k 如何应对 G 的支出的变化。以等式(10)为例。

$$\frac{dY_k}{dG} = a\frac{dB^*}{dG} + B^*\frac{da}{dG} - 1 \tag{10}$$

如果选择税基 B 是为了限制政府的税收分配，那么等式(10)在相关区间内必须大于或等于零。

B 和 G 在相关区间内的互补性意味着

$$\frac{dB^*}{dG} > 0 \tag{11}$$

但这不足以确保(10)的结果为正数。由于 a 总是小于 1〔参见等式(6)〕，因此，既要求 B^* 对 G 的变化非常敏感，又要求 da/dG 为正数。实际上，因为 B^* 很大，所以有可能等式(10)中的第二项起主要作用。因此，da/dG 很重要。

实际上，根据合理的假设，da/dG 似乎为正数。以图7.4为例。G 的水平上升时，图7.4中以 D_1 表示对 B 的需求曲线通过互补关系外移。假设 G 的水平显著上升时，该曲线平移到 D_2 的位置。在 OC 处会实现税收最大化均衡，等于 $\frac{1}{2}OB_2$。新的税收最大化税率 t_2^* 是距离 JK。我们需要证明 JK 高于 SM，即 G 的增加会导致税收最大化税率的提高，从而导致参数 a 的增加。TC

正好是 $\frac{1}{2}B_0B_2$,因此,它正好是 $\frac{1}{2}SH$。因为 K 必须在 D_2 上,且在 H 左上方,所以 KJ 一定高于 SM,即 $t_2^* > t_1^*$。

如果 $t_2^* > t_1^*$,那么

$$\frac{t_2^*}{1+t_2^*} > \frac{t_1^*}{1+t_1^*}$$

且 $da/dG>0$。我们可以分析 D_1 随 G 供应的增加而发生的非平行变化,但是在 D_2 完全高于 D_1 的情况下,根据我们的线性假设,税收最大化税率会提高。只有在 D_1 和 D_2 在垂直轴上重合这种特殊但又有些不合理的情况下,t^* 才不会增加。因此,t^* 和 a 相对于 G 保持不变(即 $da/dG=0$)。如果承认这一点,那么 B 和 G 互补时,等式(10)中的第一项和第二项都将是非负数。因此,存在某种假设,即 G 的增加会导致 Y_k 的增加,这是利维坦政府所期望的。

但是,假设不能满足等式(10),是否有一种简单方法可以增加满足等式(10)的可能性呢?可以将政府(或国王)从与税基 B 无关的一般来源中所得的税收和从唯一来源税基 B(与 G 的供应有关)中所得的税收关联起来。因此,可以设 R^* 为等式(5)中所定义的值的任意倍数 β。因此,等式(5)替换为

$$R^* = (1+\beta)a(G) \cdot B^*(G) \tag{12}$$

其中,$\beta>0$,

且 $$\frac{dY_k}{dG} = (1+\beta)a\frac{\partial B^*}{\partial G} + (1+\beta)B^*\frac{\partial a}{\partial G} - 1 \tag{13}$$

如果 $\partial B^*/\partial G$ 和 $\partial a/\partial G$ 都大于零,那么对于相关区间内既定

的 G 值,等式(13)大于等式(10)。在 G 值为正的情况下,存在某一 β 值可以确保等式(13)大于 0。在等式(13)等于 0 的情况下,β 值越大,G 的值就越大。[4] 因此,增加 β 的值,可以确保国王愿意提供一些 G,进而增加由此获得 G 的数量(至少到互补关系终止的时候)。

接受分析上的这种修改的同时,也会面临挑战,因为这种修改似乎与基本的制度假设不一致。虽然可以设想国王征收一般税收的能力与从税基 B 中所得的税收有关,但似乎国王一旦被允许利用某种更一般的税收来源的话,他会只利用这种税收来源,将全部税收用于私人产品开支。在更现实的制度下,可以成立一个部门,其唯一职能是从某种一般税收来源中获得税收,但要把税收直接交给与从指定的互补性税基中征税的活动直接相关的其他公共产品供应部门。[5]

如果这种方法不合理,那么为政府指定几种税基可以大致实现同样的效果。所有这些税基都是对公共产品 G 的补充。假设应该存在一个潜在税基集合 $B_1, B_2 \cdots B_n$。以向盈余最大化的国王指定 B_1 和 B_2 作为潜在税基为例。在这种情况下,

$$R^* = a_1 B_1^*(G) + a_2 B_2^*(G) \tag{14}$$

且 $$\frac{dY_k}{dG} = a_1 \frac{\partial B_1^*}{\partial G} + a_2 \frac{\partial B_2^*}{\partial G} + B_1^* \frac{\partial a_1}{\partial G} + B_2^* \frac{\partial a_2}{\partial G} - 1 \tag{15}$$

其中,$$\frac{\partial B_1^*}{\partial G}, \frac{\partial B_2^*}{\partial G}, \frac{\partial a_1}{\partial G}, \frac{\partial a_2}{\partial G} > 0 \tag{16}$$

如前所述,对于相关区间的 G 值,等式(15)大于等式(10)。等式(15)为零(如果存在这种情况的话)时,G 的值大于等式(10)

中的 G 值。因此，增加政府征税的税基（它们都是对 G 的补充），提供一些公共产品（如一些 G）更有可能盈利，也更有可能提高 G 的供应水平。[6]

7.4 非盈余最大化者

在转向可能的政策含义之前，有必要将此分析转向更加普遍的政府形象。如果改变这种模型，让供应公共产品的制度（无论是国王、官僚、政客或法官）没有先前的分析那么棘手，这会对理性的宪法选择税收工具产生什么影响呢？即使纯粹出于自身利益的动机，最自私的国王或官僚也会提供一些公共产品，特别是如果他们可以在非排他性利益中获得一些利益的话。国王出于自己的利益，会建立某种法律秩序、进行一定的防御、采取一些鼓舞人心的行动，然后期望大众获得溢出利益。此外，政治决策者，即使不受公民的直接约束，也可能是真正拥有公共责任感的高尚之人。国王会关心他的臣民。

我们要考虑到这一点，同时假设政府会从任何一项或指定的多项税基中获得最大税收。我们要分析一种模型，其中一些 G 由于国王的效用函数而被提供。在图 7.5 中，假设某一任意选择的税基可以为国王创造最大税收 $O\bar{X}$。如果按照之前的分析，国王是纯粹的盈余最大化者，那么他当然会保留全部税收为个人所用。如果将 G 视为国王效用函数中的自变量，他会愿意提供一些 G。在这种情况下，国王的偏好可以根据在 B 和 G 上定义且体现标准属性的一组无差别等值线来表示。"国王"手中的一美元税收可以转化为一美元公共产品开支的比率保持不变。国王面临的"价格线"是从 $\bar{X}$ 点向东南方向 45° 画一条直线。在 H 点达到均衡;提供公共产品所"支出"的税收额为 $\bar{X}Z$。留作盈余的税收额为 OZ,比率 $\bar{X}Z/O\bar{X}$ 是先前讨论的 α,虽然在这种情况下 α 值由行为决定,而不是外源设定。比率 $X\bar{Z}/O\bar{X}$ 只是表示国王从税收中消费 G 的一般倾向。

图 7.5

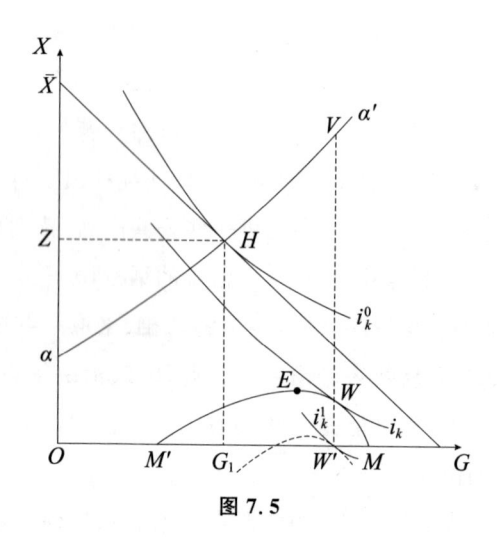

图 7.5 中的曲线 $\alpha\alpha'$ 表示为"国王"指定更加综合的税基时均衡位置的轨迹,所有税基与 G 的开支无关。(注意,不变的 α 意味着该曲线沿着横坐标。)

在图 7.5 所描述的情况下,用与 G 互补的税基替代 $\alpha\alpha'$ 曲线上所假设的独立税基,会产生什么影响呢?要回答这个问题,可以把图 7.2 转换为图 7.5,将盈余与各种水平的 G 联系起来。回顾一下,在图 7.2 中,在 M' 点没有净盈余,在 E 点会实现最大盈余,

然而在 M 点变为零。我们只是用同样的标号将这些结果转换到图 7.5 之中。曲线 $M'EM$ 代表国王所面临的转换可能性。国王可以在 W 点达到均衡，W' 表示 G 的总开支。注意，与剩余最大化模型中在 E 点达到的均衡相比，该解中的公共产品更多，盈余更少。

比较一下在 W' 点获得 G 的数量的成本（就国王拥有的盈余而言），可以说明这种互补税基限制与不存在互补税基限制之间的显著区别。在限制模型中，这些成本用垂直距离 $W'W$ 度量。对于同样的 G，在不受限制的情况下，这些成本会上升到 $W'V$。如果假设潜在的纳税人-受益人面临无限的其他选择，那么在受限制的情况下，从概念上讲，他会将保留的（浪费的）盈余减少到零，同时确保实现公共产品的预期有效水平。在图 7.5 中，如果假设 W' 是所需的有效水平，那么可以选择体现生成一条曲线所需的互补税基（如从 W' 点画出的虚线）。注意，与盈余最大化模型中的类似曲线相比，这条曲线在其部分区间是位于零以上的。由于国王对 G 做了单独的边际估值，因此盈余会减少到零（假设国王的效用函数具有所需属性）。

7.5 制定税收政策

本章的分析间接地为一种特别的税收专用形式提供了一种有效性观点。没有必要限制明确要求，政府将税收用于具体的开支职能。相反，税基本身的性质就确保了要引导政府将税收用于所需开支。标准含义是，每一项政府活动，每一部分预算应为其指定一种具体的税收工具或一套税收工具,不仅是为了确保税收水平满足并适合该项活动的预期所需水平,而且是在税基和政府活动之间引入互补性。我们已经提到了最明显的现实例子:用汽油和/或汽车税为公路事业融资。另一个例子是对广播听众征税,为政府的广播事业融资。可能的话,这种观点主张,费用应该用于政府出售可分割服务的过程中,或许要以未充分利用设施为代价。不存在比商品本身更具互补性的税基。

还有一个不太明显的例子。厄尔·汤普森主张用资本税为国防融资,理由是资本积累会带来外部侵略的威胁。[7] 关于国内的法律秩序,也可以提出类似的观点。汤普森认为,在没有资本税的情况下,会过度积累贪求的资本。一种含义就是,资本和国防支出具有互补性。抛开第五章中对资本税的主要反对理由,我们的分析可以得出与汤普森相似的结论,但理由不同。对新的资本形成征税是合理的,因为这会刺激在抵御外部侵略者和国内建立法律秩序方面的开支。[8]

还可以运用这种分析来确定所观察到的财政安排中的不正当因素,这些因素会形成与税收分配效率所需的结构相对立的激励结构。还可以以运输为例。自 1974 年以来,一部分美国联邦汽油税(以及对公路使用间接征税)被分配,以资助城市公共交通系统(公交、铁路、地铁)。在这种情况下,税基(公路使用)是对政府应提供的公共产品(过境设施)的替代而不是补充。减少而不是增加公共产品的供应(减少 α 值)符合城市交通官员的直接利益,因为他们这样做可以增加可用于分配的税收。

上文讨论的目的是为分析的可能应用提供一些例证。我们并不是想确定这些税收政策标准能否涵盖现代政府预算中的方方面面。我们没有研究在真正的宪法情况下理性选择必需的严格信息要求。但是，一般的专用税制度是众所周知的。标准公共财政理论中的传统观点批判了税收专用，主要是因为限制税收使用会降低负责政府活动总开支的预算决策者的灵活性。这种针对专用税基的标准观点，是在仁慈专制的政府过程形象中构想的。这种观点设想中央决策者脱离了公民，但始终为了公民的利益（"公共利益"）而严格行事。这种形象与民主决策模式不相符，与为政客和官僚的自我利益而发挥某种作用的模式也不相符。一旦在非现实制度下理解政府，必须重新思考税收专用的作用，虽然它可以作为获得更有效的财政结果的一种手段。

后维克塞尔公共选择理论[9]提出了一种支持专项税收的论点，可以将其与这里的论点进行比较。如果假设在后宪法上对公共开支做出民主决策，那么要求税收与成本直接挂钩的观点不言而喻。如果选民或其代表可以比较每项活动的成本和收益，而不是涉及多部分的预算，那他们可能会更合理、更有效地选择结果。普通资金的融资可确保在几乎最不确定的情况下做出财政选择。

我们的分析与标准公共选择模型的区别在于其对后宪法政治过程的基本假设。我们放弃了这种假设，即预算支出和税收由后宪法时期有效的民主投票程序来决定。行为引发的专项税收这一观点是直接从政治模型中推导出的，在这种政治模型中，周期内的财政决策是由税收最大化的政客-官僚们做出的，他们至少拥有某种权力，将一部分税收收入作为自己的盈余。宪法利用税基与所需的公共产品供应之间的关系，是对财政决策者加以纪律约束的一种手段。因此,它不仅适用于民主决策模型,还可以解释为巩固了上述其他论点。一种合理的民主模型需要轮换多数联盟来最大化其成员的净财政转移,但要以牺牲少数派成员为代价。关于专项税收的纪律论点同样适用于这种模型,也适用于更加见利忘义的官僚统治模型。只需在本章前面的内容里用"多数联盟"一词替代"国王"一词即可。

我们的基本论点很简单。有效制定的专项税收可以限制政府(任何政府)剥削纳税公众的程度,可以激励政府提供纳税人所需的商品与服务。无论决策者是谁,都可以让其保持"诚实"。

第八章　政治领域

> 政府应该做什么是个神秘的探究性问题,那些明白之人可能会回答;其他人应该做什么根本不是个神秘的问题。问题不是政府为何一定不做这件事或那件事,而是其他人为何应该在允许的情况下让政府这样做。关键不是要确定狮子为何不该吃羊,而是要确定人类为何要吃羊肉。
>
> ——佩罗内·汤普森,"论最大幸福原则",
> 《威斯敏斯特评论》

本书关注的是财政制度,以及限制政府征税权和开支权的替代方法。本书不直接关注政府权力的非财政约束,无论它们是宪法规定的,还是其他方式施加的。但是,如果没有认识到财政约束和非财政约束之间的关系,我们的分析会非常不完整。财政约束和非财政约束之间的潜在可替代性使我们无法断言,为了使政府保持在适当的限制范围内,财政约束在所有情况下都是绝对必要的。相反,财政约束与非财政约束之间的互补性使得我们无法将仅靠财政约束就能约束利维坦这一观点扩展到极端情况中。

本书的结构可以解释为基于一种假设,即一套非财政规则具有可操作性,以可以分析和评价替代性财政约束为背景。广义上讲，可以简单假设，现有的非财政约束是我们通常在现代西方民主国家所观察到的。除此之外，我们的分析要求假设，施加具体的财政约束并不会通过非财政途径，从财政约束中"脱离"。尽管我们不在此做详尽的分析，但本章专门研究限制利维坦政府征税权的手段与不限制利维坦政府征税权的手段之间的相互依存性。特别是，我们将政府开支领域的限制，以及对政治过程性质的程序限制归为不限制利维坦政府征税权的手段。

8.1 政治决策的程序限制

如前所述，我们的分析不同于传统的公共选择框架。在传统的公共选择框架中，政府被建模为相对被动响应选民-纳税人-受益人提出的要求。我们在第二章中指出，政客和政党选举竞争的宪法保证不足以确保政府类似利维坦的倾向总能被约束。在先前的讨论中，我们假设了一种情况，即以多数票决规则为特征的选举竞争既包括执政候选人的选举，也包括立法议会内部政策行动的选择。

一旦承认选举竞争的缺陷，便可以从两个方向进行改革。我们可以考虑直接对征税-开支权施加宪法约束，这是本书的主要讨论话题，或者在政治决策的程序或规则中进行宪法改革。对于后一种改革，施加直接的财政约束没必要，也不可取。

举例来说，我们最好看看维克塞尔的开创性著作，本书已经多次提及。维克塞尔并未寻求财政宪法改革，但他的确通过征税-开支决策的程序改革让政府响应更加积极了。维克塞尔在他的理想

第八章　政治领域

化模型中提出了立法机关一致性规则。但是维克塞尔在实践中意识到了这种规则的难度，于是勉强认可，在全部公共开支项目方面有资格的多数派赞成票要达到总投票成员的六分之五。此外，在可实现层面，维克塞尔提议应同时考虑征税和开支立法。维克塞尔认为，立法机关有义务为每项授权的开支计划融资。他建议，如果这么做的话，可以采用一种类似于第七章所讨论的专用形式，但理由不同。在现代讨论宪法政策的背景下，要求政府平衡预算的提议或许类似于维克塞尔提出的那种程序要求。第十章会更加详细地讨论"预算平衡限制"，在这里，我们只是将其当作一种"程序限制"。

程序改革的特征在于，其明确避免对集体决策的结果施加约束或限制。上述提议以及可能讨论的其他提议直接针对的是集体决策过程，它们并不直接限制可以实现集体决策结果的特定范围。当然，这并非要否认在程序改革的预期效应和预期结果的方向之间必须存在某种反馈关系。实际上，必须利用此类预测来影响替代性程序中的选择。纯粹的程序改革的优势在于其保持的结果灵活性。

在前几章，我们发现，很容易将政府建模为追求最大化净收入或盈余的庞大实体。该模型有助于我们讨论替代性税收限制。某个最大需求可以让我们对不受限制的利维坦政府的行为作出预测。显然，对程序改革取代财政约束的讨论必须从这种简单的利维坦模型出发。在先前的分析中，宪法改革的目的是限制政府的行为，可以说是，限制政府的同时不改变其"特征"。维克塞尔提出的程序改革旨在改变治理结构，从而改变适合描述政府行动的行为模型。盈余最大化目标不适合设定给在维克塞尔式程序限制范围内运行的政府。这样的政府不会让人想起利维坦这个比喻说法,对宪法改革的整个分析和讨论也会与本书完全不同。

本书的内容是关于财政宪法中的潜在改革,基于的假设是,政府的决策程序不会发生重大变化,而且正如我们所观察到的那样,政府将继续运行,因为这是它的制度特征。正如我们的其他著作指出的那样,这里的立场并未表明我们个人倾向于严格的财政约束而不是程序限制。必须对这两种限制政府的手段进行分析。我们这里的做法只不过是劳动分工罢了。

8.2 法治:一般规则

可以在"法治"这一节标题下分析与程序有关但不同的方法。哈耶克在其《自由秩序原理》(1960)及其后续著作中的论点或许可以充分阐释这种方法。这种方法旨在限制可允许结果的结构或模式,而不是限制实现结果的程序或具体的结果本身。要实现这一目标,就必须要求财政过程的结果符合经典的"法治"。哈耶克表示,所有涉及税收的规则都必须是一般规则。这些规则必须普遍适用于政治团体中的所有成员,无论这些人是否属于政府决策层。这种方法体现了"法律面前一律平等"这一传统法律准则在政府征税活动中的具体应用。

从历史上看,税收一致的宪法要求似乎直接源于这种法律准则。正如先前的分析所示,税收一致性可成为限制政府征税潜力

第八章 政治领域

的一种手段。在我们的分析中，这种一致性要求个人之间、群体之间或不同税基之间的税率无差别。然而，在现代财政体系中发现这种一致性时，它或许反映出了法律平等准则的遗存，而不是意识到需要限制利维坦政府的财政胃口。现有的一致性规则不堪一击。税收的确因人而异，因群体而异；不同的税基需要缴纳不同的税款。如目前所解释的那样，现有的法律准则最多只能排除完全任意的税收歧视。例如，美国政府无法（或至少到目前为止无法）对天主教徒征收一种所得税率，对新教徒征收另一种税率，对黑人征收一种税率，对白人征收另一种税率，对男人征收一种税率，对女人征收另一种税率。如果政府尝试此类税收歧视做法，法庭很可能根据宪法不予受理。当然，如果政府的歧视超出了目前允许的限制范围，那么正如第四章的分析所示，它会从其现有税收来源中获得更多税收收入。因此，公认的法律准则确实可以限制利维坦政府。征税权并不是不受限制的。[1]

哈耶克对法治的解释是要求普遍一致性，这便产生两个问题。第一，现有的法律限制多有效？第二，如何使用普遍一致的法律准则来限制超出上述所讨论的限制范围的利维坦政府？

提出这些问题，马上就会出现定义问题。出于税收的目的，如何定义一致性或平等性？税收中的"法律面前一律平等"是否应该要求政治团体中的所有人平等纳税？还是应该将这种平等解释为要求管辖区内所有人面前税率相同，从而允许采用比例税率结构，但不允许采用累退或累进税率结构？哈耶克的观点是，比例税率结构能够满足普遍性要求，但是累进税率结构不能。这种观点似乎非常武断。要捍卫这种观点，就要比哈耶克做出更多的分析。

如果先把定义问题放一边,那么普遍性要求会限制利维坦政府的征税倾向吗?如果规定在统治联盟内部的人与外部的人员面前税收结构相同,那么可以限制这样的征税权吗?如果没有附加的限制,统治集团内的成员像其他所有人那样缴税,这会导致总税收减少吗?

显然,至少在某些合理的情况下会如此。举个简单的例子,利维坦政府采取了富有剥削性的多数联盟形式。进一步假设,税收一致性要求通过完全普遍的所得税来征税。为避免这种一致性要求的定义问题,假设所有公民-纳税人的品位一致,税前收入相同,因此,在累进税和比例税之间做选择不会涉及个人之间的歧视问题。鉴于多数派和少数派具有相同的规模,多数派成员对每1美元税收的贡献实际上为50美分。因此,多数派似乎会理性地投票赞成最大化税收:对于每1美元税收,净收益将近50美分。如果税收是一次性的,那么这种观点就是合理的。一致性本身(特别是在对征税权没有任何限制的情况下)根本不会限制利维坦政府:富有剥削性的多数派最终将获得全部税收收入。在有先前所分析的税基限制的情况下,一致性要求确实可以作为额外的限制手段。对于所征税收有限的地方,所有纳税人都面临着超额税负。之所以存在这种超额税负,是因为每个纳税人(包括多数联盟中的纳税人)都会通过替代应税商品,合理降低自己的纳税额。在某种程度上,多数联盟成员所承受的边际超额税负将等于从少数派成员那里获得的边际转移。多数联盟不会让再分配的程度超出这一范围,因为每额外转移1美元,他们在额外超税负中承受的损失要大于其在转移中获得的收益。

第八章 政治领域

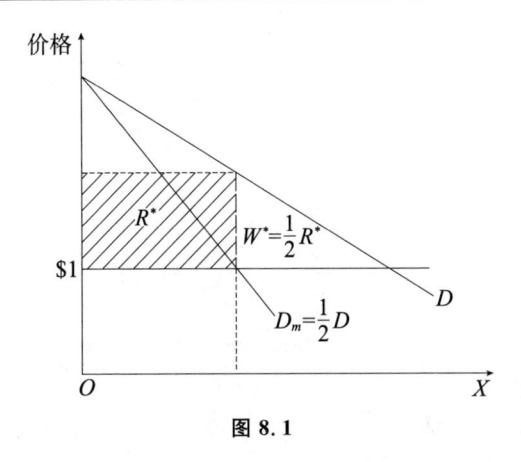

[图示: 价格-X 坐标图，显示需求曲线 D 和 $D_m = \frac{1}{2}D$，阴影区域 R^*，$W^* = \frac{1}{2}R^*$，价格水平 \$1]

图 8.1

举个简单的例子。税基为货币收入 X，闲暇时可免税。对于整个经济而言，X 的"需求"曲线可以用图 8.1 中的曲线 D 表示。假设品味相同，X 的"需求"可以分为两个（实际上）相同的部分，D_m 表示多数联盟中所有成员对 X 的总需求。如果税收一致，那么可以从 X 的征税中获得最大税收，用图 8.1 中的阴影面积 R^* 表示；其中一半税收（或其他数量税收的一半）将由多数联盟中的成员缴纳。在这种线性情况下，纳税人在这种最大税收水平下承受的福利损失恰好是最大税收收入的一半（如第三章和第四章所示）。

我们可以将图 8.1 中的信息转换为更有用的形式，在图 8.2 中描述多数联盟成员收到转移所付出的成本。这样的成本包括两部分：第一，由于税收一致，多数联盟成员仅占总人口的 50%，他们每收到 1 美元的转移税收就要缴纳 50 美分的税款，如图 8.2 中 50 美分水平线所示。除此之外，这种税制还有超额税负。多数联盟也将承担一半的超额税负。要确定多数联盟较高转移水平的

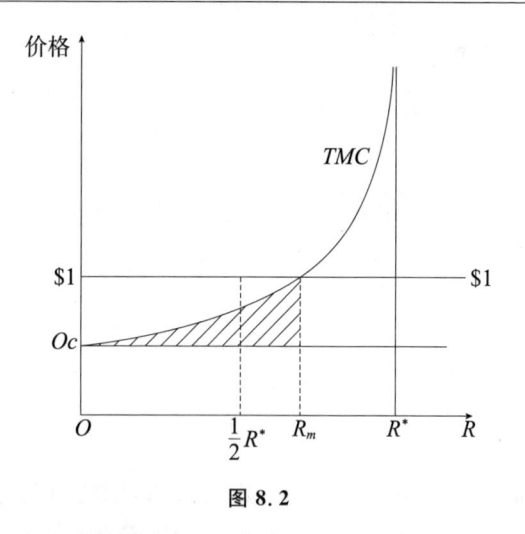

[图 8.2: 价格-R 坐标系中,横轴标有 $\frac{1}{2}R^*$、R_m、R^*,纵轴 50 美分($1)水平线与 TMC 曲线在 R_m 附近相交,阴影区域位于 50 美分线与 TMC 曲线之间]

图 8.2

总边际成本(包括超额税负),需要在图 8.2 中 50 美分线上增加每增收 1 美元税所产生的边际超额税负。显然,税收接近最大值时,每额外 1 美元所增加的福利损失或超额税负会接近无穷大。因为税率接近税收最大化率 t^* 时,超额税负增加越来越快,而税收水平增加越来越慢。税率接近 t^* 时,超额税负会增加,而税收没有增加:每增加一美元的转移(或增加 1 美元的税收)所产生的额外福利损失实际上是无法衡量的。

在此基础上,可以从 50 美分线的位置向上画一条曲线,在图 8.2 中标记为 TMC。对于不同转移水平的多数联盟成员而言,这条曲线表示总的边际成本,包括多数联盟成员承受的该税制中的部分超额税负。在 R^* 点,曲线 TMC 接近无穷大,表明每额外 1 美元所产生的超额税负正在接近无穷大。曲线 TMC 与 R^* 点之前的 50 美分线之间的面积表示多数联盟成员承受的 R^* 点的总超额税负:多数联盟成员占一半选民,他们要承受一半的总超额税负,即图 8.1 中的 $\frac{1}{2}W^*$。

根据曲线 TMC,我们可以预测决定性的多数派会理性投票赞成的转移水平。由于向多数派转移一美元的价值始终为 1 美元,因此曲线 TMC 与 1 美元线的交点为多数裁定原则下出现的转移水平。在这一点上,包括多数派成员纳税的超额税负在内的额外 1 美元转移的成本正好是 1 美元,可以用图 8.2 中的 R_m 来表示。R_m 位于 R^* 的左侧:多数派不会将税收推向税收最大化的限度。税收水平 R_m 表示在税收一般性要求下转移的总税收。

现在假设一般性要求不适用。多数派会只对少数派征税,直至达到税收最大化的限度。由于少数派占总人口的一半,因此税收将为 $\frac{1}{2}R^*$;并且多数派将获得转移中的全部税收。根据线性假设,少数派成员承受的超额税负是最大税收的二分之一,即 $\frac{1}{4}R^*$。

现在可以直接比较两个均衡,来确定对既定税基一般性要求的影响。在没有一般性要求的情况下:总税收为 $\frac{1}{2}R^*$ 美元;多数联盟的转移净收益为 $\frac{1}{2}R^*$ 美元;总超额税负为 $\frac{1}{4}R^*$。在有一般性要求的情况下:总税收为 R_m;多数联盟的转移净收益是曲线 TMC 与图 8.2 中 R_m 之前的 1 美元线之间的面积。总超额税负是曲线 TMC 和图 8.2 中 R_m 之前的 50 美分线之间面积的两倍。由于 R_m 小于 R^*,并且在一般性要求情况下多数联盟成员的收益小于 $\frac{1}{2}R_m$,因此这些收益也小于 $\frac{1}{2}R^*$。多数联盟成员由于一般性要求的限制而承受损失。但是,在一般税收的情况下,多数派成员和少数派成员都会由于征税而承受超额税负。因此,总超额税负会超过仅少数派成员纳税而承受的超额税负。总而言之,一般性要求明显减少了对少数派的财政剥削,但会增加总税收,从而增加因征税而产生的的总超额税负。因此,税收一般性规则的净效应并不完全明确。

从某种意义上讲,这里概述的模型充分地说明了一致性限制的有效性。具有决定性的多数联盟的规模从选民的一半缩减至很小一部分(无论是统治阶级、官僚精英还是总统、总理或国王)时,一致性限制的影响力会下降:决策者对自身转移成本的贡献越来越小。在图 8.2 中,统治联盟的规模缩小,会使得曲线 TMC 在其整个区间内向下移动,从而将解转向 R^*。

在本节的讨论中,我们搁置了应该对利维坦政府的盈余征税的可能情况。虽然这在富有剥削性的多数联盟的情况下并不是不可想象的,但是在转移采取对统治阶级或官僚精英特别有利的公共开支形式方面,它变得相当牵强。

8.3 公共开支领域

一致性准则仅适用于财政活动的税收方面时,不应将其不明确性视为对其扩展到开支方面的歧视。碰巧的是,哈耶克的一律平等或一般性要求,在历史上从未应用于开支方面。相反,在个人和群体之间公共开支的利益分配中存在非常随意的歧视,这似乎是现代财政体系的特点。[2]但是,这种财政经验并不能成为拒绝考虑财政开支方面一致性法律要求的逻辑基础。开支方面的其他限制值得关注,在历史上更为普遍。在本节中,我们力求简要探讨其中一些限制,以及一般性要求的影响。

如果在上述示例中假设,将一般性限制扩展到开支方面,那么对多数联盟有利的再分配潜力会被完全消除:对所有人而言,税收额相同的要求会消除个人所得超过其纳税的可能性。如果税收和开支的一致性定义是非对称的,那么这肯定不会出现在税前收入不同的一般情况下。例如,如果认为比例税可以满足税收一致性标准,但是在开支上要求人均份额相等("线性负所得税"模拟的一种结构),那么仍然会发生某种再分配。显然,与对转移模式没有一致性限制的情况相比,再分配的情况要少得多,因为富裕的多数派永远不会按照自己的方向转移收入。但是,如果在税收和开支两方面对称定义了一致性的话,则可以消除多数派对少数派的剥削。

可以对富有剥削性的多数派的权力施加类似的限制,即要求政府的开支活动仅限于提供纯粹的萨缪尔森式"公共产品"。根据定义,此类商品由所有公民平等(且全部)消费。因此,如果税收方面存在一致性的话,那么多数派再分配对自己有利的资源的可能性就被消除了。可以说,大多数成文宪法中,对政府活动领域的限制都是出于这样的考虑而草拟的。当然,可以按照这些方法将其合理化。

实际上,将政府开支限制于纯公共产品的要求过于严苛。即使共同性不够完整,政府活动的范围也可以扩展到非排他性商品,这些目的的主要特点是,每个人的消费(或消费权利)都是相同的。

假如所有人都享有相同的数量，那就可以允许政府融资，并提供完全可分割的毫无共同性的"私人"商品与服务。在这些情况下，分配结果与以相等份额向所有人转移的情况基本相同。如果将税收一致性解释为要求除了每位纳税人绝对相等的税收额以外的其他东西，那么再分配的可能性仍然存在，但要受到开支方面相等份额要求的极大限制。

应该提出两个与该讨论有关，但又稍有不同的一般观点。首先，我们解释了消极再分配的权力，因为这种权力为利维坦政府提供了按照自己的方向进行再分配的机会。这种解释与我们的宪法选择模型中的基本观点是一致的：在这种模型中，尽管纳税人-捐赠者希望在周期内向接受者转移时会出现再分配，但是宪法上不存在这样的再分配偏好。[3] 如果个人表现出对宪法分配事务的偏好（无论他们是罗尔斯式，还是其他方式），那就无法保证赋予政府再分配的权力将是合理的：从这种权力赋予中出现的转移模式根本不符合任何道德规范。

其次，我们一直讨论的公共开支领域的限制可以在反官僚主义和政治"腐败"的规则保护下实施。这样的规则是存在的，并且大多数宪法中也存在执行这些规则的制度，这一点毋庸置疑。这些规则从某种意义上限制了公共活动的范围。这些规则的意义在于，它们抑制了那些行使自主权来直接挪用资源的人的能力。这样的规则或先前讨论过的开支方面的限制，都无法阻止利维坦政府以间接手段（部门特权、官僚机构臃肿等）挪用税收盈余。因此，即使可以预期这样的限制完全有效（似乎不太可能），前几章所探讨的税收限制也仍然有效。

8.4 政府强制

至此,我们分析了非财政约束,它们可以替代对政府活动施加的财政约束。我们一直感兴趣的是,这种非财政约束的存在或采取这种非财政约束多大程度上能够减少对宪法约束征税权的需求。如果将非财政约束视为财政约束的必要补充,就会出现一组完全不同的相互依存关系。这里要分析的问题涉及公开财政约束的潜在效力,因为它们严重依赖非财政工具的维持和强制性。这些非财政工具可以防止具有利维坦倾向的政府逃避财政约束。

如果局限于政府征税模式,那么这里要讨论的问题就不会出现,因为按照某种人为假设,唯一的最大需求就是税收。因此,根据定义,对征税权的限制必须有效。一旦偏离这种人为假设,赋予利维坦政府对税收的工具性需要,就是为了最终控制对实际商品与服务的目的,必须考虑避免可能出现税收限制或约束。如果政府在面临法律对其征税权的限制时,发现通过非税收手段可以相对容易地获得实际商品与服务,那么整个税收限制就毫无意义了。

正如我们指出的那样,存在对政府征用权的法律-宪法限制。没有此类限制,税收制度本身就没有存在的理由。在缺少对征用权法律限制的情况下,政府只能强制人们放弃拥有其所需的商品与服务。在西方国家既有的法律传统中,这种政府强制已经,且仍被认为是超出了合法行使政府权力的范围。某些例外证明了这一规则,征兵制度和土地征用权就是其中两个。特别是在土地征用权的情况下,政府征用的同时会有"公正赔偿"的法律要求,这成为了对"正当程序"一般法律要求的一部分。

当然，对征用权的法律限制并不能防止这种权力的延伸。必须承认，对政府施加税收限制会更加刺激政府直接从个人那里"征用"商品与服务，这与先征税后在市场购买此类商品与服务的财政途径不相关。如果预期税收限制完全有效，那么在刺激增多的情况下，必须维持对政府征用权的法律限制。

如果利维坦政府的代理人，即统治者，想利用财政体系或征用权，为其直接消费或使用而控制商品与服务（超出法律上要求作为公共产品利益返还给社团成员的部分），那么征用权的扩张中所蕴藏的潜在危险可能并不那么重要。既有的法律传统很重要，尽管会更加刺激政府代理人，但仍然可以将政府代理人的公开强制限制在相当有限的范围内。允许利维坦政府代理人将所谓的"非个人"自变量纳入其效用函数时，允许这些代理人基于所谓的"公共利益"或"一般福利"理由来追求可以合理"合法化"的"目标"时，会出现更为严重的问题，可能很难解决。在这种情况下，税收限制可能无法约束政府。我们必须要正视这一点。

举一个大家熟悉的例子。1960年代中期之前，除了从英国普通法沿袭的妨害法律中所固有的限制外，美国公民在很大程度上可以不受限制地使用航空和水道。在一种与实际不同的重构情况下，政府意识到污染环境问题时，本可以宣布"清洁空气"和"清洁水"为"公共产品"。政府本可以对此类"产品"融资进行征税，在这种情况下，这将包括购买减少污染活动的个人协议。但是，众所周知，这种情况没有被效仿。政府没有利用这种财政途径来实现其宣称的新环境目标。相反，政府只是颁布了直接禁止特定类型活动的法律，或者颁布了授权行政代理人（官僚）确定禁止活动范围的法律。个人仅仅是被禁止做以前可做的事情而已。从真正意义上讲，政府行使了征用权。政府夺取了个人宝贵的权利，没有提出正当程序的问题，也没有赔偿。所谓的"公共产品"是政府在没有依靠征税和开支的情况下获得的。

显然，税收限制存在或不存在，这本来就不会，或可能不会对政府拓展活动产生影响，尤其是体现在美国 1960 年代末期和 1970 年代的环境监管浪潮中，例如空气和水污染、汽车和职业安全以及消费者保护等。有说服力的论点是，与通过财政程序间接扩大政府权力并体现在明确征税中的情况相比，这种性质的监管法律中反映出的人身自由干预所带来的问题更为严重。[4]

当然，政府扩大直接监管与预算规模有关系。监管行动意味着监管机构，机构指的是监管官僚机构，监管官僚机构又意味着为钱（不是小数目）而工作的官僚。官僚影响机构预算时，税收限制可以产生约束性影响。但是，正如污染管控的例子所揭示的那样，实现各种政府目标的不同方法会产生不同的预算影响。环境监管官僚机构需要资金，并且通过税收来融资，但是它有权直接监管，而不是通过合规开支的财政程序监管，这一事实极大地降低了官僚机构对政府国库的需求。我们可以设想，仅占国民生产总值 20％ 的联邦预算，比占国民生产总值 40％ 的替代预算更能反映对个人自由的干预，但主要是不太直接的监管。

作为经济学家，我们要求其他条件均同，主张在有关政府直接监管行动的既有法律环境中，施加财政约束必须仍具有潜在的有效性。在经济中，掌管 20％ 国民生产总值的政府，比掌管 50％ 国民生产总值的政府更有入侵性，前提是在这两种情况下直接监管的法律环境相似。但是这种观点会忽略政府的直接监管倾向和征税倾向之间的真实反馈。可以肯定的是，受到税收限制压力的政府预计会通过法律程序，更加努力地开辟直接监管的渠道。

这里，我们只能承认这一方面的"税收限制的限制"。政府决策者的效用函数包含私人享有"物质享受"（即消费成品）的自变量时，税收限制或财政约束预计会抑制政府的胃口。如果政府行动背后的动力是"行善主义"，那么这种限制就不那么有效，可能会避开这种限制。圣洁的禁欲主义者可能会摧毁我们。

承认税收限制的限制等于说，除了本书分析的内容以外，这一政治-法律宪法中的其他要素也值得关注。尤其应注意到，本章前面讨论的一些程序限制可以限制直接的监管行为以及征税权。这些程序限制的影响更加广泛，因为它们会改变决策结构。如果这种广泛的程序变革不在可能范围之内，财政约束就会要求对直接监管加以法律限制。施加财政约束的观点源自在某一宪法决策阶段个人在无知之幕背后的选择计算，其含义仅体现在支持对直接监管范围施加严格限制的时候。

第九章　开放经济、联邦制和征税权

> 最好让狼远离羊圈，而不是在狼冲入羊圈后妄图毁掉它的牙齿和爪子。
>
> ——托马斯·杰斐逊，《弗吉尼亚笔记：托马斯·杰斐逊选集》

前几章的分析都隐含一种假设，即政体和经济在地理、成员以及贸易程度和资源分配方面是相互映射的。也就是说，我们假设经济是封闭的：贸易和迁移都不会使经济超出政治单元的边界。所有的财政活动仅在政体内进行。

在本章中，我们建议放宽封闭经济或封闭政体这一假设。我们将分两个阶段进行，其中第一阶段包括两个部分。在第9.1节中，我们允许该经济开放来开展贸易，其公民可以从其他政体-经济体的公民那里买卖商品。但是，假设不会发生跨政府边界的移民。这种模型是一个相对独立的小国，其公民在国际市场上进行贸易，但仍然居住在该国。在第9.2节中，对该模型进行了修改，允许单元间移民。第9.2节的分析将本章分析的第一阶段和第二阶段之间建立了联系。其余章节将分析在更大且更具包容性的政治管辖区内，在内部贸易和移民不受限制的情况下，对政治权力（进而对征税权)进行谨慎宪法划分的可能性。联邦制是在宪法上限制利维坦政府的一种手段,因此,这是我们的分析框架中一个重要话题。

9.1 利维坦政府在有贸易无移民的开放经济中的税收宪法

本节的分析与国际和公共财政经济学家在"最优关税"和"税负输出"标题下所做的分析有关。我们的讨论与传统文献讨论的区别在于,我们关注的是在有关政治过程运行的类似利维坦假设下潜在纳税人的宪法计算。利维坦政府只对为其目的而最大化净税收盈余感兴趣,不需要明确区分公民和外国人。但是,对潜在纳税人而言,这种区分在他决定赋予政府征税权的范围和程度时至关重要。原因很简单:政府可以被赋予征税权,将成本强加于外国人而不是公民身上时,为提供公共产品的资源和为创造利维坦政府的净盈余的资源,都不直接源于公民的私人收入。

回顾一下简单的代数公式,其中利维坦政府的最大需求 S 取决于税收收入 R 和在公共产品供应上必须开支的数额 G 之间的差值:

$$S = R - G \tag{1}$$

如果按照先前的假设,政府必须在 G 上开支固定的份额 α,于是可以得出:

$$S = (1-\alpha) \tag{2}$$

如果可以在不增加国内税收的情况下增加 R,那么无论 α 的值多么小，都可以在不增加成本的情况下增加 G。当然，公民-纳税人仍然希望 α 越大越好，在可能的情况下会采取适当的宪法措施增加 α 的值。但是对于既定的 α，公民-纳税人会理性地向外国人征收最高税。

将公民的税收负担转移到外国人身上的可能性取决于国内供需与国外供需的分离程度，以及相关供需函数的相对弹性。在考虑赋予政府潜在税基时，个人会偏好国外需求大于国内需求，以及国内供应相对灵活的情况。百慕大的酒店客房就是一个典型例子。在宪法上，百慕大政府可能会被赋予对酒店客房征税的权力，确保只有相对较小一部分的费用由百慕大公民承担。在这种情况下，与全球高效的公共产品和服务水平相比，几乎不需要或根本不用担心总税收潜力的规模。以基本为零的成本就可以为当地公民提供高水平的所需公共产品供应。

潜在税基的国内供应弹性至关重要。如果以急剧增加的成本可以实现国内供应，或者如果这样的供应能够确保价格体现大量经济租金要素，那么向外国人出口税收负担的做法可能会失败。无论需求弹性如何，潜在纳税人（他也会成为应税商品的潜在供应商，由此成为潜在的收租者）都不希望政府利用供应弹性很低的税基。

上述观点涉及对国内生产的商品与服务征税，以及对出口征税。当然，可以对进口进行同样的分析，因为这种对立关系很重要。如果国外供应对国内市场而言相对缺乏弹性，而国内需求相对具有弹性，那么对这种商品征收的税费将主要由外国公民负担，而不是由征税管辖区内的居民负担。但是，通过对进口征税来转移税收负担不是小国进行剥削的重要工具，因为国外供应给小国的大多数商品具有高度弹性。另一方面,在考虑大国时,必须将少数贸易国家中可能进行报复的问题纳入分析之中。

此处无需详细考虑各种可能情况。要清楚的是,开放经济中的宪法分配问题包含与封闭经济环境有关的各种可能情况。如果政治过程模型完全相同,对公共产品与服务偏好相同,那么开放经济中的个人会选择将不同的征税权赋予政府。相比封闭经济中的税基,个人会允许利维坦政府利用有望创造更高潜在税收的税基,也会根据上述概述的出口潜力标准选择不同的税基。

各州之间税收竞争的"囚徒困境"无法根本改变这些一般观点。在赋予政府最初的征税权的宪法选择阶段,个人会认识到,如果不同的政府要将税收负担出口给其管辖区以外的公民,那么对所有管辖区的公民来说,最终结果有害无益。对于每个人来说,如果可以限制每个政府,确保不存在出口税收负担,这样会更好。但是,即使在概念上,个人也不可能选择"世界的税收宪法"。他最多可以通过宪法手段,部分地限制自己国家政府的征税权。在这样的选择情况下,不管相互报复的世界制度会造成何种困境,个人都必须考虑税收出口的前景。如果他不这样做,如果他根据某种类似于康德的普遍化原则来选择国内的税收规则,那么他必须考虑到,将征税权赋予无法控制的政府,他也会受到财政剥削。个人将发现自己和同胞会为其他国家的公民所享有的公共产品与服务支付最终成本,也会为这些政府的利维坦统治者的盈余融资。其他国家的公民则会逃避为一部分国内供应的公共产品支付最终成本,也会逃避为国内利维坦统治者的盈余部分融资。在竞争激烈的世界里,不参与竞争的一方会被淘汰。

第九章 开放经济、联邦制和征税权　　　　　　　　　*193*

9.2　有贸易和移民的开放
　　　　经济中的税收规则

　　跨政府边界资源流动的前景可以补充最终产品贸易时，不同政治管辖区内人际之间的经济依存性会发生显著变化。如果人们不仅可以自由贸易，还可以根据不同的经济信号来转移资本和劳动力资源，那么即使政治单元依旧分离，经济也会真正具有国际性。在这种情况下，与最初赋予征税权有关的宪法选择问题不同于前几章的封闭经济或封闭政体模型，以及上述分析的开放式贸易经济模型所面临的问题。

　　政府单元之间的自由贸易和移民可以替代明确的财政约束。在这方面，自由贸易和移民类似于第八章所讨论的某些类似维克塞尔的程序规则。然而，与这些程序规则相反，自由的国际经济贸易对利维坦政府的间接控制似乎更像是可行的政治制度，至少在西方国家如此，而不是要求在程序上偏离多数选举程序。

　　自由贸易和移民的极端情况是理想化的蒂布特世界。[1]假设世界是由相互竞争的政府组成，每个政府都向其公民提供一些公共产品，公共产品的利益又不会溢出单个政体边界。假设每个"国家"政府都被建模为追求税收、盈余最大化的利维坦政府，并且跨政府边界的移民是无成本的。再假设人们只会受到其可获得的经济回报的激励。没有人会表现出对居住管辖区的个人偏好，也没有人赚取区位租金。因此，在整个世界经济中，人们的自愿决策所产生的资源均衡中不存在可供潜在的利维坦政府剥削的盈余。每个政府单元都会发现,它必须提供所需有效数量的公共产品,并为这些产品有效融资,与净税收盈余最大化的动机无关。在这种极端情况下,自由的贸易和移民会使得财政约束变得多余。

一旦稍微偏离这种极其严苛的模型,即便仍允许无成本移民,理想化的蒂布特方法也无法完全替代宪法税收规则或限制。[2] 如果对个人而言区位租金不断上涨,特别是在居住或工作的地点,且/或如果不同地点之间存在个人偏好,那么就有被政府剥削的潜在盈余。有趣的是,就区位租金的产生而言,"地理位置最有利"的政府管辖区在个人选择计算的产生或效用方面,为更大程度的财政剥削提供了可能。那些政府管辖区是"供行人使用的",因为它们在产生或效用过程中根本不用提供区位租金(它们没有阳光明媚的海滩,岩石下也没有储藏石油),不会受到利维坦政府的财政剥削。

在宪法审议阶段,将管辖区视为实际上或可能创造区位租金的个人,会对征税权施加公开的约束。但是即使在这种情况下,也不应忽略自由的贸易和移民替代这种直接限制的有效性。另一方面,除非宪法保障自由的贸易和移民,否则这些控制措施对利维坦政府财政倾向施加的间接限制可能无法起作用。在最初的宪法阶段,个人也不可能偏好单向开放式移民。也就是说,个人不希望确保来自其他管辖区的移民可以自由地进入自己所在的管辖区,除非相互保证可以自由移入和移出其他管辖区。当然,在单个管辖区的宪法制定过程中不会出现这些保证。即使在某项跨国公约会出现此类保证的情况下,不同管辖区的人们在收入和财富水平上的预期差异,也会使得自由移民不利于特定管辖区的人们。防止政府边界开放为利维坦政府带来的财政剥削,不可能超过这种行动所破坏的区位租金中的预期成本。

出于上述以及其他考虑,在政府财政权受到明确限制的情况下,贸易和移民的完全可替代性似乎不可能成为宪法计算的特征。尽管个人会意识到这里的关系,但他在宪法阶段有选择权,会选择对政府征税权的某种限制,甚至在真正的国际社会或辖区间组织中也是如此。

9.3 联邦制是财政制度的一部分

第9.2节的分析有助于对联邦制的分析。先前的分析采用了一种包含大量政治管辖区的模型,其中每个政治管辖区都确定了政府供应商品与服务的"公共性范围"。但每个政治管辖区都是包含在一个超管辖区经济中,其特征是所有政府单元内人们之间可以自由贸易和移民。这里,我们介绍一种不同的模型。我们规定这种具有包容性的管辖-政治边界在成员和领土方面与该经济相吻合。在这方面,我们回到前几章中隐含的封闭经济或封闭政体模型。没有考虑"独立国家",只有一个政治共同体。但是,我们想要分析政治结构的联邦化间接限制利维坦政府的潜在财政剥削的前景。分权,从而分散政治权力的明确宪法决策会有效替代公开的财政约束。讨论时,我们希望将方法和结果与财政联邦制经济学理论中的传统观点进行比较。我们首先会简要概述该理论的主要观点。

传统的财政联邦制理论。在所谓传统的联邦制"经济学理论"中,根据体现在履行这些职能中的公共产品界外效应的空间属性,赋予各级政府（中央、州或省）各种职能。[3]根据经济学家的效率标准，在特定公共产品与服务方面，该理论对应该有权为公共产品与服务融资或供应的政治（或行政）管辖区的规模设定了下限。在这一框架中，将权力赋予规模较小的管辖区（低于此边界限制）会产生单元间溢出效应。因此，在公共产品融资和供应的整个组织中，效率似乎决定了"并入""最佳规模"单元。

但是请注意，这种论点没有证明联邦制，因为没有逻辑理由反对将职能赋予比一定公共范围所确定的下限更大或更广泛的管辖区。似乎没有理由说明为什么本地化的公共产品不应该由超地方政府单元提供。当然，相关的外部限制决定了这些超地方政府单元是行政分权。换言之，传统理论没有为设定政治管辖区规模的上限提供依据。没有分析可以表明，真正的联邦政治体系优于统一体系，虽然后者也是行政分权。

认识到联邦制"经济学理论"与标准经济学对政治学的隐含假设并无区别时，这一结果并不令人惊讶。联邦制"经济学理论"提供的标准建议，大概是针对要实施效率标准的仁慈专制。在承认非理想化专制的前景之前，无法支持政治对立的政府体系。一旦将政府建模成类似于标准公共选择中所分析的复杂互动过程，或者像本书分析的类似利维坦的行为那样，就可以提出一种真正的联邦体系观点。此外，出现的标准理论可以像传统理论一样是"经济学的"。在宪法审议的初始阶段，个人会发现可以"有效"分权，分散在中央政府部门和下级政府部门之间的有效征税权。

中央政府和保护性国家职能。我们继续以利维坦的方式为政府建模。无论是中央政府、省政府还是地方政府，都假设政府会试图在其面临的内部限制和外部限制内实现净盈余最大化。要分析的问题是，明确的宪法分权和分散财政权力是否可以完全或部分有效替代对征税权的直接控制。

首先必须考虑到霍布斯式无政府状态的最初跨越，即最初建立政府作为个人权利和契约的执行者，有时被称为最小国家或保护性国家。[4] 必须将保护职能赋予在区域和成员方面与潜在经济相互依存的，区域一致的政府单元。政治上划分为几个拥有完整主权的国家单元，除了产生内部贸易壁垒和移民壁垒之外，还有可能带来内部冲突。[5] 如果将保护性国家职能赋予中央政府，又不限制征税权，那么个人将预测利维亚坦政府会提供保护性国家服务（内部安全、执行权利和契约以及外部防御），但会征税，以实现其提供此类服务的成本之外的净盈余最大化。由于潜在税基的规模（该经济体中的收入和财富）取决于所提供的保护性国家服务的规模和质量，因此政府很可能面临第七章所讨论的处境（尤其参见图7.2及其相关讨论）。在宪法阶段，个人会明确地谋求限制中央政府的征税权，同时让中央政府拥有充分的权力为所需的保护性国家服务融资。要实现这一目标，可以通过适当的基本税率限制，赋予中央政府相对较小的收入潜力。这种基本税率限制将收入潜力与所提供的保护性国家服务直接联系了起来。[6]

生产性国家职能："国家"公共产品、无成本移民、无区位租金。我们主要关注的不是为赋予中央政府的保护性国家职能融资，而是中央政府的能力因征税权的扩大而超越这种限制。为了本节及后面的分析，假设中央政府令人满意地履行其保护性国家的职能。中央政府可以保障财产权和契约权，防止外部威胁，确保内部自由贸易和移民。中央政府可以通过适当限制征税权，来为这些活动融资。这种适当限制的征税权可以限制中央政府在相对狭窄的范围内剥削纳税人。

我们会以一系列模型提出我们的观点，这些模型以复杂性递增（和现实性）的大致顺序排列。在下面讨论的前三个模型中，我们做出一种极端假设，即移民没有成本。如果没有移民成本，没有人会偏好具有包容性的地区内的位置。该经济体内任何地方都无法赚取区位租金。

在第一种情况下，假设存在某种公民潜在所需的公共产品。从技术上讲，这种公共产品在整个"国家"领土范围内具有非排他性。此外，假设消费完全是非竞争性的。在理想情况下，这是一种萨缪尔森式公共产品。（可能不存在这样的产品，但在这种极端情况下为了解释说明的目的很有必要。）

从传统的财政联邦制理论来看，在这些情况下，这种"国家"公共产品的融资和供应职能应赋予中央政府，而不是赋予小于最佳规模的下级政府单元。如果赋予后者这种职能，单元间溢出缺乏效率，该产品的总供应可能是次优的。从利维坦角度来看，会出现什么情况呢？

将"国家"公共产品赋予中央政府财政当局需要宪法约束，确保税收开支用于该产品的供应，并限制总税收。根据前几章分析的标准，并且正如已假设它们存在于保护性国家服务方面那样，可以确立一些这样的约束。正如这些分析所示，这些施加的约束只能在一定的范围内实现这些目标，不能期望它们可以确保狭义上的"效率"。换言之，政府预计可以获得一定的净盈余，但对纳税人而言这意味着净效率损失。

我们要提出的问题是比较制度分析中的一个问题。在宪法阶段，尽管整个"国家"范围具有非排他性和非竞争性，仍可以将"国家"公共产品的融资和供应职能赋予下级政府单元，而不是中央政府。可以将这种联邦赋予制度的预期结果与集中赋予制度进行比较。

在假设的极端情况下，联邦赋予制度下的均衡方案是零税收和公共产品零供应。在利维坦政府的激励下，任何一个下级政府单元企图征税的做法，即便是为了产品供应，也会导致人们立即彻底外迁到该经济体中的其他管辖区。这种方案不存在税收剥削或财政剥削。净效率损失将由公共产品的收益与其成本之间的潜在差异来衡量。无法先验地确定这些效率损失是否会大于、等于或小于集中赋予制度下的预期效率损失。但这足以证明，联邦赋予制度比集中赋予制度产生的损失小。禁止地方政府剥削公民的流动性限制等同于一项宪法规则，即以限制公共产品供应的方式限制公共开支领域。

生产性国家职能：无成本移民、无区位租金、完整的"国家"联合效率，但具有省级排他性。如果从上述模型中排除非排他性假设，其他假设保持不变的话，那么联邦赋予制度的效率自变量会显著增加。我们继续假设，根据超过数量的供应成本定义的"公共范围"是真正的"国家范围"。现在假设，下级政府单元无需过多成本，就可以有效防止非公民享受本地化供应中的公共产品利益。

与上述模型相比，此模型中任何一个政府单元都可以通过税收融资，供应公共产品，不会在其具有包容性领土范围内促使大规模移民外迁到其他政府单元。通过征税使公民拥有的盈余超过其在竞争性管辖区内所得的盈余时，个人会被鼓励留在财政响应积极的管辖区。

该模型中的均衡方案是，在具有包容性的管辖区内，所有成员都集中在唯一一个下级政府单元内。这种集中必然会充分剥削公共产品的联合效率。在所假设的极端情况下，财政上仍然独立的政府将无法获得任何净财政盈余。应该严格按照公民对公共产品的相对评价，向他们征税。所有税收都会接近林达尔式价格。偏离这种税收模型的做法会让竞争性政府向所有人提供更好的条件。想要进行财政剥削的单元马上就会出现人口大规模外迁。

因此，在这种模型中，即使在联合性意义上定义的公共范围仍然是"国家范围"，但采用联邦赋予制度而不是集中赋予制度，也能显著提高效率。联邦赋予制度不存在效率损失，而集中赋予制度不存在因税收限制无法消除利维坦政府的全部盈余前景而造成的效率损失。注意，联邦赋予制度可以确保预期效率损失减少到零，而不会对地方政府部门的权力施加公开的财政约束。在这种制度中，强加于这些部门的财政纪律来自于具有包容性领土管辖区内跨越下级政府边界的资源流动。这些政府单元不能将税收用于公共产品供应以外的其他目的，也不能以任意征税创造净盈余。

生产性国家职能：无成本迁移，无区位租金，本地化的公共产品。如果现在改变这种模型，放宽有关公共范围的假设，允许地方政府限制公共产品供应的联合效率，那么我们会回到理想化的蒂布特世界。这里不再赘述。这一均衡方案与上述的均衡方案不同，在本地化的公共产品中，人口不会集中在单个单元中，而是会分散在不同的单元中，每个单元都可以产生有效的公共产品，每个单元基本都征收林达尔式税价。与之前的情况一样，这一均衡方案将完全有效。联邦赋予制度取决于我们对政府的利维坦假设和体现财政联邦制传统理论特征的假设。

区位价值、流动成本和本地化的利维坦政府。在联邦制讨论中引入的这些模型，对区位价值和流动成本的假设完全不切实际。应把这些模型看作是更现实的模型的初级版。更现实的模型包含了纳税人的区位偏好、经济资源所赚取的区位租金，以及在不同区位之间移民的正成本。一旦在整个经济体内，在人力和资源分配的过程中要考虑这些要素中的任何一项或全部，间接约束在减少或消除地方政府单元的财政剥削方面的效率就会降低。如果个人由于某种原因只愿意住在具有包容性的管辖区内的 X 地，而不是 Y 地（具有包容性的管辖区包括 X 和 Y），那么他很容易受到 X 政府一定的财政剥削，即使 X 政府与 Y 政府仍然在人力和资源方面不断竞争。

正如假设区位价值缺失时某些极端模型所隐含的那样，区位价值的存在意味着，不应赋予地方政府不受限制的征税权。承认区位价值为正，并不能在方向上改变上述更简模型中联邦赋予职能方面的观点。间接流动性限制有效时，与中央政府权力相比，下级政府的财政权力会受到约束。

建立"最优"联邦制。在某些条件下，可以接受在宪法阶段联邦赋予职能，同时又具有征税权这种观点，但是拒绝改变传统分析中隐含的"公共范围"映射的建议。根据我们对政治过程的利维坦假设，到目前为止，我们还没有在联邦化体系设计中提出一套有关

"最优性"的建议。相互竞争的下级政府单元应该多小或多大？具有包容性保护国家职能的管辖区应包含多少个下级单元？

要找到这一问题的答案，至少需要考虑四个要素：流动成本、勾结的可能性、公共范围和行政组织的规模经济。

流动成本因地理距离而增加。"流动成本"不仅包括实际的区位之间移民成本，还包括按照偏好等级在区位之间迁移所涉及的主观或心理成本。（个人可能对在佛罗里达州布劳沃德县和达德县之间的迁移不太感兴趣。她可能对佛罗里达州寄予最高的评价。）实证表明了这里简单的分析结果。如果这些管辖区在地理位置上彼此接近，那么人们在各个管辖区之间更容易移民。从这一点可以得出，在具有包容性的领土范围内，财政剥削的潜力与竞争性政府单元的数量成反比。仅这一个要素就意味着许多下级政府单元的效力。

第二个要素指出了多个管辖区的合理性。出于与寡占理论中相同的原因，不同单元之间互相勾结的可能性与单元数量成反比。如果仅有少数名义上的竞争性政府，那么它们在相互行使各自的征税权方面就很容易勾结。竞争性政府数量增加的同时，组织并执行勾结协议的成本也会成比例地增加。

"公共范围"或"消费规模经济"要素至少在某种程度上和某些功能上抵消了前两个要素。如传统分析所示，政治管辖区的规模与公共范围之间的对等映射，即便不一定最重要，也是非常重要的。作为在本节中的分析脚注，值得一提的是，公共产品的非排他性特征而非消费规模经济，是对分权能力更重要的限制。

第四个要素指的是行政和组织成本，这些成本往往指向少数单元，以及单个单元内职能部门的合并。地方管辖区之间进行财政合并这种观点包含了经济学理论。但是，在讨论合并时常常忽视的是财政剥削的抵消潜力。只有仁慈专制政府模型之外的某些东西影响这种分析时，才会出现这种潜力。

标准的"最优"联邦体系理论必须将提到的每个要素以及其他相关考虑因素结合起来，其中包括生产性资源的位置固定性，人口的同质性，以及明确的宪法约束对中央政府和地方政府征税权的预期效力。我们不是为了提出这样的"理论"（甚至高度抽象的模型），而是为了提出一种更具约束性的理论，表明在不同级别的政府之间引入财政权的分配，是抑制利维坦政府总体财政胃口的一种手段。

9.4 另一种政府拨款理论

传统的财政联邦制理论包括政府间拨款理论。可以从三个方面解释此类拨款：第一，赋予下级政府的某些政府职能会产生管辖区之间的溢出效应，只有通过管辖区间的付款或上级政府一定的转移才能将其内化；第二，如果中央（或上级）政府既负责征税，又负责将资金分配给下级管辖区用于开支，那么可以实现税收管理的规模经济；第三，可以发现地区间的收入差异（或人口差异）要求，上级政府根据大体标准的"公平"理由进行地区间再分配。

同样，我们先搁置第三个理由，它不在当前讨论的范围内。其他两个理由与我们已经假设的典型选民-纳税人的宪法计算相关。它们原则上很重要，但像联邦制经济理论的其他方面一样，它们假设政府模型是仁慈专制模型,这与我们的政府模型无关。

利维坦模型确实很容易产生"政府拨款"理论,既有积极方面也有规范方面。在通过宪法设计的联邦体系中,我们可以预测竞争性下级政府不断施加压力,实现制度的重新安排以缓解竞争压力。一种重新安排就是,在所有管辖区建立统一税制:这将消除竞争性政府过程的一个主要因素。执行此类协议的逻辑机构是上级政府。作为一部分额外税收的回报,中央政府充当下级政府之间协议的执行者,对违反该协议的管辖区进行经济处罚。适当的"财政措施"将成为重要标准,以确定流向各下级政府的总税收:如果某些州或省对其管辖区征收涉及某种税收工具的低税率,那么其他州必须能够通过中央政府的拨款对其进行处罚。

如果重新赋予中央政府征税权,那么我们可以预计,税收将按比例返还给州政府,将剩余的"特殊"拨款分配给特定的州。此模型中对后者"再分配"的原因在于,各州之间的区位租金有所不同。区位租金高的州在真正竞争性情况下会征收更高的税,这些州在中央政府征税的卡特尔化情况下必然会获得更高的人均总税收。区位租金最低的州预期获得较低的人均总税收。由于下级政府单元可以通过免税和吸引更多的居民-纳税人,来有效地打破这种卡特尔,因此我们可以预期,卡特尔化所产生的一部分额外税收将大体上等额共享。由此,我们应该期望小州要比大州获得更多的人均税收。这里的经验观点可以确定这种税收共享和拨款体系的解释多大程度上是可以接受的。在这方面,有一种现象值得一提。根据传统的政府间拨款解释或理由,我们可以预期同级政府之间会发生大量的政府间转移:例如,管辖区间的外溢效应似乎可以按照这种方式来处理。根据中央政府监督下级政府中的卡特尔的替代理论，特定管辖区之间简单的双边谈判几乎无效，因为它只会适度扩大垄断权。我们希望这是一种罕见的现象。当然，实际情况是：我们在极少数联邦中才能看到同级管辖区之间存在显著的资金转移——实际上，所有资金都通过上级政府来转移。

替代理论的标准含义不言而喻。税收共享不可取，因为它破坏了联邦制的主要目的，导致管辖区之间竞争激烈。每个管辖区都必须自己负责征税，应避免与其他管辖区就确定统一税率达成明确协议。当然，这一结论与公共选择模型中得出的结论是一致的。在选举选择受到限制的情况下，相同管辖级别层面确定的开支和税收决策是合理的。然而，利维坦模型解释用完全不同的方法得出了相似的结论。

9.5 联邦国家的税收制度

有趣的是，这里要考虑本章讨论的内部竞争性联邦政体所施加的结构性约束，与前几章中明确税收限制之间的联系。为此，我们提出一个问题：如何（或应该如何）在不同的管辖区之间分配征税权？答案似乎很明确。如果公民认识到流动性会更严重地限制下级政府而非上级政府，那么他在做出宪法决定时，会被迫过多依赖更严格的财政约束。赋予管辖区征税权要反映出这一点。最低级别的政府利用最低限度的扭曲性税收（例如人头税或可能的财产税）可能很合理，因为流动纪律限制了政府充分利用这些税收工具的能力。在中央政府层面,由于流动的可能性几乎没有受到纪律影响,前面几章所讨论的税收限制仍然至关重要。因此,我们预期,在中央政府层面,纳税人-公民会选择税收潜力有限的税收工具(可能对特定商品征税),否则他们会选择限制中央政府开支的财政规则。

当然,此处提出的税收建议与实际情况有些出入:中央政府可以使用税收潜力巨大、税基广泛的税收工具,而在许多情况下,地方政府拥有更为适度的税收工具,尽管财产税(基本上是地方政府的税收工具)确实具有巨大的税收潜力。实际上并未以税收最大化的水平征收财产税,这种情况或许是对流动性约束的严重程度的偶然性检验。

9.6 结论

预期的政府间财政资源竞争,以及对政府行使财政权做出预期的人力和资源的流动性响应,构建了开放经济与联邦政治体系之间的关系,也是本章架构的基础。个人在潜在的开放经济或开放政体中面临的宪法选择,不同于其在封闭政体中面临的情况。政府间的财政资源竞争和人们在追求"财政收益"过程中的管辖区间流动可以部分或完全替代对征税权的明确财政约束。从前瞻性而不是回顾性来看,个人不能在宪法上确保其经济或政体会继续向各个国家开放贸易或移民。因此,严重依赖经济的"开放性"似乎无法体现个人的理性宪法选择。

一旦引入了联邦化,即使在封闭经济或封闭政体中,政府间竞

第九章　开放经济、联邦制和征税权　　207

争财政资源与对政府征税权的明确宪法约束之间的可替代性也会很重要。在这种情况下，由于假设宪法规则具有约束力，因此个人可以选择依靠分散的政治财政权力所保证的间接流动限制，来部分替代原本必须施加的直接限制。要赋予中央政府保护性国家职能，以及足以为这些职能融资且受到一定限制的征税权。但是，如果超出这一最低限制，真正的联邦体系所产生的政府间竞争在宪法上就有可能是"有效的"，与传统的财政联邦制理论中分析的单元间溢出效应的考虑因素无关。

从我们的分析中得出的标准"联邦制理论"与传统观点大相径庭，传统观点主要强调公共产品的空间特性。在宪法选择赋予替代职能时，这些空间特性仅是值得考虑的诸多要素之一。正如我们的分析所示，即使从萨缪尔森理论的对立面上将所需的公共产品估算为"国家的"时，联邦制也是有效的。我们强调的是，联邦职能赋予是确保个人可以选择不同税收-开支管辖区的一种手段，以及这些选择对该体系的总财政剥削产生的影响。

在许多现代政策讨论中，地方政府声称"资金匮乏"。我们的分析表明，这种情况取决于这种政府自身所处的竞争环境。实际上，这种情况在宪法上非常有效。政府对经济的干预程度应该更低，在其他条件均同的情况下，税收和开支的分散程度越高，各单元的同质性越强，管辖区范围越小，净区位租金越低。

无论是由单元自身明确组织和执行，还是由中央政府授权，各政府单元之间勾结的可能性都必须包括在"其他条件均同"之内。中央政府代表下级单元征收并管理税收时，产生的效应与这些下级单元公然勾结是相同的。地方单元应独立征税、独立开支。传统观点认为,在选举选择的某些成本效益或公共选择模型的驱动下,管辖区应同时负责税收和开支决策,确保这两方面实现一定的平衡。我们的观点则完全不同,即各单元之间的税收竞争而不是税收勾结是追求的目标。当然,与经济学理论中垄断-竞争关系的观点相比较时,这种观点不言而喻。但是,某一领域中显而易见的观点在其他领域通常被忽略,某一种情况下熟悉的重述会成为另一种情况下对传统观点的挑战。改良版的联邦制表明,制度的标准评估与实证分析中采用的政治模型有着重要的联系。

第十章　真正的税收改革：前景与举措

> 毫无疑问，无论是和平年代还是战争年代，如果征收过高的税收或者占国家财富一半甚至五分之一的税收，以及严重滥用权力，人民都有理由反抗。
>
> ——亚当·斯密，《法理学讲义》

本书的分析背景与大多数税收政策文献中的分析背景截然不同。我们的主要目的之一是改变讨论和辩论的理由，这与之后出现的具体政策规定完全不同。税收改革应从宪法的角度进行分析，不是从党派对相对税收的政治斗争中获得的某些奖励，也不是经济学家研究政治天真中的某种抽象活动。

要从宪法上讨论税收改革，必须在传统分析的基础上引入分析维度。相对而言，无论是渴望夺取政治权力以实现自身目标的党派拥护者，还是盲目认为政府既仁慈又专制的经济学家，将政治-政府过程的运作问题搁置时，标准讨论替代税收工具就相对容易了。

立宪主义者完全不受其意识形态或标准倾向的影响，除非他先对后宪法序列时期政府运作进行建模，否则无法开始论证。"政治学理论"是关于替代规则下政治过程运作性质的一种理论，在逻辑上必然早于对宪法替代方案的认真讨论。承认这种方法论原理，会让我们面临许多难题。实际上，历经30年发展的公共选择理论和分析都成为了宪法制定分析（包括制定税收改革）的代名词。如果用既有的、广泛接受的范式来描述的话，公共选择理论距离其长期均衡还有很大的差距。

这就要求我们必须限制范围。为此，我们以极端的方式，实际上是以简单的框架将政治建模为"利维坦"。前几章的分析表明，在这种政府模型下，对于理想的税收安排，许多税收改革的标准完全不可接受。所谓"不可接受"，是指理性人绝不会在真正的宪法选择情况下选择这些理想的税收安排，在这种情况下，假设他有权选择宪法政策的替代方案。值得注意的是，根据提供的政治模型，我们的分析结论直接源自我们对个人宪法计算的实证研究。这一结论并非源自我们假设个人所有的思想观念，当然也不是我们自己的预设。

假设技术分析可以抵挡住各种批评声音，那么针对标准含义的反对意见有可能针对的是利维坦政治模型。从这种意义上讲，这些反对意见至少与我们在本书及其他地方提出的反对意见类似，它们反对长期以来影响传统税收改革分析的仁慈专制模型。我们在第二章中指出，"自然政府"体现了类似利维坦的特性。但是，在应用方面，我们的模型与传统政策讨论中的模型有着重要区别。在传统政策讨论中，政府被建模为仁慈专制者，一个虚构的实体会听取、采纳经济学家提出的政策建议并付诸行动。然而，我们利用利维坦政治模型并不是向政府提供建议或咨询，而是预测一系列"可能最糟糕的"结果，帮助我们对确保不会出现"可能最糟糕

第十章 真正的税收改革：前景与举措

的"结果的方法与手段进行分析。实际上，我们的做法与类似罗尔斯式极小极大策略密切相关。[1]我们也要注意到，我们的整个做法契合古典政治经济学家和美国国父们的精神，他们中有些人在每章开篇就进行了引述。

即使我们的利维坦政治模型在操作上完全被否决，似乎也没有正当理由跳到另一种极端，默认仁慈专制模型假设。一旦对仁慈专制模型提出质疑，必须采用宪法方法。例如可以引入一种在多数裁定原则下中位选民主导的政治模型，以替代利维坦模型，在这种情况下，税收改革的某些含义自然与我们的分析中的某些含义不同。这些含义或许与标准方案中隐含的含义明显不同。

税收改革必须从宪法上进行分析。我们需要超越针对某一种方法的建议，直接研究税收政策替代方案。这些方案已出现在了1970年代末期和1980年代的政治讨论中。我们对传统税收政策讨论中出现的税制"改革"提案所作出的评论，无论是直接的还是隐含的，都已充分地体现在前面的章节中。这些章节没有涵盖的内容是处理各种有关宪法改革的提议，这些提议如今浮出水面，需要在当前的公共政策辩论中占据重要的地位。虽然公众-公共-政治议题一直不在税收经济学家和税务律师的"内部"讨论中。但已经进行了宪法改革，更多改革还在积极讨论中。这些人中的专家发现自己无法表达自己的立场，很大程度上是因为宪法主义与他们的思维方式格格不入。1978年6月，加利福尼亚州第13号提案引起了人们对1970年代后期"纳税人抗税"的关注。这种所谓的"纳税人抗税"源于民粹主义和宪法制，不是精英主义和立法制。这种"纳税人抗税"主要是对宪法规则进行真正改革，或提议对此改革，而不是对已立法的税率水平和税收结构安排进行改革。

显然，我们的整个分析与在纳税人抗税情况下讨论的政策选择（无论是真实的，还是假设的）直接相关。同样重要的是，要认识到1970年代后期态度转变过程中出现的针对税收规则进行宪法改革的建议，并不代表我们在本书那样分析的结果。如前言所述，本书在这一方面要晚两三年。纳税人抗税从来就没有分析蓝图或分析图。尽管如此，我们进行分析的意义也是显而易见的。我们想从更加复杂但仍符合宪法的视角，而不是传统公共财政专家提供的视角，严格评估大众讨论中的一些建议。通过此评估，我们可以直接形成真正的税收改革建议。

10.1 宪法视角下的税收

我们在前文已经说过，应该从宪法上讨论税收改革。为了证明我们的论点是正确的，必须强调非宪法背景与宪法背景的区别。有时要从非宪法视角分析税收和税收改革问题，这是什么意思呢？在这种情况下，税收规则和制度被认为会进行周期性改革；它们未被视为政治体系的永久性或准永久性特征。在这种受到限制的情况下，经济体中个人和群体之间的税收分配，以及选择产生这种税收分配的税收工具都被认为是在每个新预算期"可供争夺的"。在这种非宪法背景下，潜在纳税人的纳税能力很容易受到政府最大限度的剥削。根据关于政府过程的类似于利维坦假设，潜在纳税人显然会在预算期之前对征税权施加宪法约束。这些宪法约束将在整个后宪法序列时期约束财政权的行使。

第十章　真正的税收改革：前景与举措

但是，即使放宽利维坦假设，考虑到纳税人多数联盟选举周期内实施的一些真正的控制措施，个人必须面对一种情况：在既定的预算-财政周期内，他会发现他的税收义务取决于占统治地位的政治联盟，这会违背他自己的利益。根据关于政府过程（甚至在某些方面将政治建模为理想的仁慈模型）的预测，个人倾向于将基本税收规则设计得具有宪法性，在可预测性方面存在积极价值，而且宪法阐释税收规则隐含地影响了西方国家的税务实践。税收安排一旦存在，就有可能长期存在。"旧税是一种良好的税制"，这句谚语体现了对税务实践的普遍态度，即使它没有在经济分析中得到广泛认可。[2]

从某种意义上说，我们的观点是在呼吁采取更加明确的宪法态度应对税收改革。要将税收规则作为准永久性安排进行考虑、分析和讨论。在这些安排中，人们可以预期做出适当的行为调整，包括长期规划的调整。正如先前分析所示，限制利维坦的一种手段就是限制利维坦频繁修改税收规则的能力，否则纳税人必须面对持续的不确定性，他不确定周期性的税收规则会如何。如果政府能够使纳税人在其规划上保持平衡，那么就可以剥削纳税人额外的税收潜力，当然前提是财政的不确定性不超出税收最大化的限制。

作为基本宪法契约内容的税收规则与作为周期内争夺税收工具的税收规则的绝对区别仅出现在非利维坦情况下。如果让选举政治计算或者重新计算每个预算周期内不同纳税人群体在总税收负担中的相对份额，或者即使可以考虑这种重新计算，那么分析模型也会变成一个永无止境的负和 n 人游戏。即使在最"民主"的选举政治过程中,甚至是政治结果敏感地反映了选民或纳税人之间的有效多数联盟成员的真正需求,也可以认为不断操纵基本的税收分配是"税收改革"不受欢迎的属性。在这种情况下,"税收改革"的主张主要采用了相互抵消群体之间转移税收的模式。在此过程中,任何群体的收获都很少,甚至没有收获,因此在一段时期内,所有群体预期会承受损失。在相互竞争的过程中,征税当局可以有效利用各种有利机会。

哈耶克基本上是在一种假设的"民主"政治模型中提出了两条不同的财政改革建议,这里有必要简单讨论一下。哈耶克在其作品《自由秩序原理》[3]中强烈反对所得税税率结构的累进性。哈耶克关于税率比例性的观点与其"法治"观点直接相关。比例税被归类在哈耶克的标准要求中,即所有规则或法律都应具有普遍性,社会中所有人都要受到规则或法律的影响。然而,税率累进性违反了普遍性这一基本原则。

正如本书先前的分析所示,税率比例性要求不会严重限制追求盈余最大化的利维坦政府,要么是因为决策者与纳税公民是分离的,要么是因为可以操纵公共-开支结构来获得所需结果。但是,如果我们摆脱极端的利维坦模型,转向更加"现实主义"的模型,其中包括"类似利维坦"要素但要求决策者(政客和官僚)仍然是纳税公民,并且进一步限制公开转移的范围,那么比例性限制会限制不同纳税人群体之间的歧视。结果就是,肯定会减少甚至消除有关相对税收份额("累进程度")的辩论-冲突。这种辩论-冲突是许多现代"税收改革"讨论的特点。

哈耶克在其著作《法律、立法和自由》的第三卷[4]提出了与征税权直接相关的另一种更具结构性的政治过程改革建议。他主张，上议院作为通过不同方式选举和组建的新议会，在审议时应该选择这种税收结构，即个人和群体之间相对税收份额的分配。上议院的唯一职能仅限于颁布一般法律或规则，一旦颁布，长期有效。哈耶克的"一般法律"似乎等同于我们这里所说的"宪法规则"。哈耶克允许其他议会、普通立法机构或国会选择税收水平，开支水平以及使用分配。[5]就像他先前主张的比例税一样，哈耶克提出的结构改革主要是为了减少或消除周期内对相对税收份额分配的政治纷争。从某种意义上说，哈耶克的建议旨在确保应该从宪法上而不是非宪法上讨论税收规则。

10.2 税收改革作为税收限制

  我要补充一点，正在讨论的某些税收"改革"会减少而不是增加净税收收入，因此可能在朝着错误的方向改革。[斜体是补充内容]

——埃德蒙德·菲尔普斯，"合理税收"，《社会研究》

  如上述引文所示，菲尔普斯的学术诚信值得称赞。菲尔普斯非常坦率，他确实把传统的税收改革主张透露出来了。在更多技术细节方面，许多传统的"税收改革"建议，特别是那些所谓旨在提高经济效率的传统建议，可以重新解释为表明利维坦如何可以获得额外税收的指导方针。在许多情况下，"超额税负最小化"和"净税收收入最大化"变成了同一问题的两个方面。所得税改革主张提供了最简单，也是最重要的例证。所得税改革强调让税基更综合而不是相反。这项"改革"一旦颁布，根据利维坦政治假设，有可能获得更大的总税收。同样，对商品税的建议是，引入与应税开支和非应税开支之间不同程度的可替代性有关的差别税率。

在经济学家象牙塔的严格限制范围内，将等额税收框架融入分析，才能证明这些建议和其他"税收改革"建议是合理的。这些主张的改革似乎价值无涉，它们似乎允许从接受帕累托准则所需的基本道德假设中推导出税收改革"义务"。但是，等额税收限制的运用取决于对仁慈专制政治模型的认可度，这种限制很少被明确提出，甚至许多参与讨论的人都没有意识到。这种认可不仅便于分析，而且不太重要，但它会影响真实财政世界中的税收与开支。

我们可以通过类比来说明。"建造围栏或购买狗链的成本很高。假如以狗会尊重我们财产界限的方式来建模狗的行为，那么可以证明，无围栏、无狗链的解决方案比任何一种方案都有效。"但是从个人经验来看，这种做法很荒谬。假如我们以政府只想高效征税的方式来建模政府的行为，这种主张税收结构 X 比 Y 更有效的过程真的不同于上述的例子吗？

一旦放弃仁慈专制的政府行为模型，等额税收分析框架中出现的传统税收改革建议就无法独立存在。必须根据效率和公平以外的标准来评估替代性税收制度和规则，尽管这些标准目标仍旧重要。例如，如果预测效率标准所示的所得税基的综合性为利维坦创造机会，从纳税人那里获得更多税收，那么很可能会抛弃这种工具性改革目标，转而支持某种替代目标，以产生与所采用的政治模型相一致的有效预测结果。正如前面各章的分析所示，政治

第十章 真正的税收改革：前景与举措

模式的改变会完全改变许多税收改革的传统规则。

在任何一种非仁慈的政治过程模型中，当然不需要像我们介绍的利维坦模型那样严苛，可以选择所需的"税收宪法"，可以根据其对政府征税权的限制来定义这种宪法。税收改革的做法与向仁慈善良的政府提供标准建议的做法截然不同。在后一种做法中，对财政当局直接回应这种建议的能力所施加的宪法-法律约束，只会得到消极评价。"良好"的政府仅限于"善举"。从宪法上限制政府，预先定义税收当局之后的执行范围的愿望，只是源于一种假设-预测，即至少在某些情况下，政府的行事方式不符合纳税人的利益。在这种情况下，税收改革的做法就成了在替代性限制中做选择。

在本章的后面几节，我们将研究1970年代后期"抗税"中讨论的一些财政约束。在开始研究这些制度前，有必要从广义上简要回顾一下"宪法税收政策"的目标。假设潜在纳税人在宪法选择阶段没有以理想的条件来建模政府，那么他通过宪法约束征税权会获得什么保障呢？我们可以区分相对保障和绝对保障。相对于政治团体中的其他人，个人对自己在后宪法预算序列中的地位感兴趣。他也对自己的地位与绝对定义或描述的财政当局的地位感兴趣。

国库不会随意歧视任何人，这种保障是认可的宪法政策的理想特征。这一目标与传统税收文献中税负横向公平准则下的各种目标相同，也与法理学话语中更具包容性的"法律平等"准则下的各种目标相同。无知之幕或宪法分析的方法论优势在于，我们能够从个人选择而不是从某种假设的外部道德标准中推导出这种准则的逻辑基础。正如前几章所示，西方国家现有的财政或税收宪法吸收了一些反对随意歧视税收分配的限制。任何人的"有效"宪法都会体现这一点。

现有宪法没有体现出对潜在纳税人的绝对保障。在美国，假设 A 先生和 B 先生就税收目的而言大体上"地位平等"，现行宪法有可能阻止对 A 先生征收没收税，同时允许 B 先生免纳税。但是，现行宪法或其解释中，没有任何内容可以阻止政府对 A 先生和 B 先生征收没收税。支持对政府的财政权力所施加新的额外宪法约束，主要源自财政宪法中对这种异常现象的一般性认识（如果不明确的话）。

我们的利维坦模型可以孤立，并确定宪法防止政府绝对剥削个人的潜在价值。我们已证明，一致性要求或防止相对税收剥削是对很多情况下绝对税收潜力限制的补充。这里的例外情况是累进税和比例税的税收生产率问题。如果将一致性或法律平等原则解释为要求税率成比例（例如哈耶克和 1913 年《第十六修正案》通过之前美国司法机构所做的解释），那么税率累进的不一致性会减少，而不是增加财政当局可获得的最大税收潜力。这种关系会被美国的历史经验所掩盖。在美国的历史经验中，税率结构引入累进性促进了 20 世纪联邦政府税收的爆炸式增长。累进税可以确保税收随着实际经济增长和通货膨胀而成比例增长，但是如果将税率不断调整到税收最大化水平，那么这种关系在比例税情况下也可以运行。

本章不适合扩展并详述先前的分析。必须提醒那些追求税率一致性的人，虽然它可以限制整体的税收增长，但这种关系有时会逆转。税基广泛的比例税(例如增值税)的总税收潜力往往大于相当税基的高累进税的总税收潜力。这里的观点并不是要说明，追求税率一致性更严格的宪法保障不合理。我们的观点仅是，在某些情况下，以采取更严格的保障，防止绝对税收限制的部分代价，来确保税收公平。

应该增加一个限制，以后再讨论有关宪法约束征税权的具体建议，因为这些建议在1970年代就已经出现了。在大多数必要情况下，关于宪法税收政策的辩论都是在这样一种情况下进行的，即至少在短期计划范围内可以确定个人和纳税群体的经济状况。在这种情况下，个人利益决定个人和团体支持有望产生最有利结果的政策行动。也就是说，所有传统税收改革主张中隐含的税收分配冲突，并不存在于宪法税收政策的冲突中。

然而，在宪法选择情况下，必须减少这种冲突。税收规则被视为法律体系的准永久性特征时，个人自然更加不确定不同规则对其地位的影响。[6]此外，这种冲突根本不需要出现，虽然它一定会出现在其他税收分配的情况下。

10.3 税率限制:第13号提案的逻辑

1970年代末期最重要的财政事件就是1978年6月加利福尼亚州批准的第13号提案。在全州公投中，选民以二比一的优势通过了一项宪法约束，将不动产税限制在市场价值的1%。第13号提案中的许多特征都是加州1978年财政-政治环境所特有的，此处无须赘述。但是，在本书的分析框架中考虑这一事件很有意义。

从真正的宪法角度来看，对特定税率施加最大限制是否存在逻辑基础？是否有合理的理由预测会对不动产税而不是其他税施加最大化税率限制？宪法规定的税率限制对政府财政领域某些（但不是全部）税收工具的预期后果是什么？仅凭税率限制就可以限制总开支吗？税率限制是否可以确保相对的同等待遇吗？

首先，必须明确区分对特定税税率的宪法约束与对总税收的宪法约束，可以将二者定义为部分产品或收入和某种具有包容性的"税率"。第10.5节将讨论对总税收的宪法约束。本节将讨论特定税税率限制。

如果潜在纳税人，在某种宪法选择情况下，以利维坦建模政府，那么他会认识到，对特定税征收最高税率会导致财政压力转向那些不受此税率限制的税种。但是，对政府可用税中的某种税进行税率限制，必定会减少政府从所有税中征收的潜在总税收。引入特定的税率限制是否是整体上绝对限制总税收的理想或有效手段，这是另一个问题。

有些预期的宪法税收政策目标，至少部分无关于根据总税收潜力定义的全部结果。即使纳税人不主要关注从公民身上剥削的绝对税收潜力水平，税率或税基限制也针对的是这些次要目标中的某些目标。第五章讨论了税收的公布效应，特别提到了资本税，强调时间维度可以将纳税人关于储蓄和资本积累的决定与政府潜在的征税区分开来。相对于个人在公布税收后可以进行行为调整的情况，个人在宪法审议阶段就会认识到个人在这种情况下容易遭受财政剥削。第五章的分析表明，个人不愿赋予政府对财富和资本征税的宪法权力。

第十章 真正的税收改革：前景与举措

在大多数财政体系中，最重要的资本税是不动产税。我们发现，这种税收主要在地方政府单元的财政权限内。正如我们的分析所示，对税基进行这种宪法分配存在合乎逻辑的理由。无论是人，还是非人，单元间资源流动性的前景会限制对不动产税的潜在剥削。但是，如果地方单元之间缺乏充分的竞争力，并且严格的区位租金很高，那么单凭本地化的分配无法提供有效的保证。在这种情况下，个人会合理要求实行最大化利率限制，以便就实物资产投资做出长期决策。

个人储蓄是为了积累财富，但是相对于潜在积累的财富总值，任何时期的储蓄率都很低。合理的多周期储蓄计划要求，个人应对资产所有权涉及的税收负担抱有准确的期望。个人无法轻易调整自己的投资组合，以适应不断变化的税收负担。对于多数纳税人而言，购买不动产代表着长期储蓄投资，不能轻易根据边际价值进行调整。基本上，所有的潜在纳税人都希望获得某种宪法保障，即对此类资产的税收要求不会超过特定份额的市场价值。这无关于个人对政府适度规模或财产税在总体税收结构中合理地位的看法。

因此，第 13 号提案体现了对财产价值的税率限制，在某种程度上强调了其他的抗税重点，这一点不足为奇。当然，这里的评估并不能让我们对所采用的特定利率限制的妥适性随意发表言论。这种观点仅表明，对资本税施加最大税率限制存在逻辑基础。我们应该预测到，这种财政约束方法更有可能出现在资本税以及公共债务发行的具体限制方面，在某种程度上需要同样的逻辑基础。

10.4 税基限制

有人建议,在政府可用的税基上引入新的宪法约束,但这些建议并不在1970年代末期具体宪法改革的建议之中。正如我们的分析,特别是第三章和第四章的分析所示,应该更加认真地考虑税基限制。此外,关注税基问题的一个重要原因是,传统的税收主张专注于这一方面的税收改革。这种政策立场源于传统的讨论,现在所有税收政策的专业讨论中都被视为理想当然的。这必然会形成更广泛的税基,从而创造更大的潜在税收。我们的大部分讨论旨在表明此类政策对大胆政治假设的依赖程度。但是,除了学术目的之外,我们认为税基限制可以在"税额限制"政策中发挥实际作用。

考察税基分配的一种方法是依据"政府财产权"。正如我们所指出的那样,税基的宪法授权相当于,在利用税基的过程中赋予垄断特许权。拥有这种特许权的政府行为是可预测的,其方法类似于追求利润的垄断企业所采用的方法。有了这种预测能力,个人可以预期并计划自己的调整响应。如果谨慎分配税基,那么可以保护个人免遭过度的财政剥削,不会对财政当局施加更复杂的限制。

当然,如果对这部分税收的补充估算部分可以用于产品供应的话,个人不希望让政府获得足够广泛的(具有包容性、综合的)税基,使得产生的税收远远超过估算的公共产品融资要求。为确

第十章 真正的税收改革：前景与举措

保税基限制确实可以限制政府行为，个人必须设法确保政府可以限制其税率，因为纳税人的预期行为响应超出一定的税率限制后会减少总税收，而不是增加总税收。

如果用税收改革术语来表述这种关系，那么可以说，个人在宪法阶段会刻意将某些"漏洞"或"逃脱途径"嵌入税收结构。这些做法可以防止过度的财政剥削，个人希望宪法体现出这一点。支持漏洞，反对税基综合性，这种观点直接违背了许多传统税收改革主张中的核心准则或原则。

在结论部分，必须准确指出分析所隐含的"漏洞防御"，在现有的税收体系下讨论这种防御。应该对税率做出灵活的行为响应，这种观点表明宪法漏洞具有合理性。但是，后宪法扩大漏洞或操纵商定税基的做法怎么样？这种做法是否是周期内政治"改革"的合理特征？答案一定模棱两可。一方面，除非有效地限制税率结构，否则利维坦政府就可以通过高名义税率和一系列税收优惠，发展到第四章分析的税收歧视垄断水平。另一方面，政府除了操纵税收规则来直接实现税收最大化的目标外，还想实现其他特定目标。可以给予公民"税收优惠"，以"交换"他们的某些行为调整。受此影响的纳税人作出响应时，他们显然比没有税收优惠的情况要好。其他纳税人不会变得更糟糕，利维坦政府对他们的税收待遇不受影响。在税收优惠的激励下，其他人的行为会产生有利的溢出效应，至少等于是因税收减少而必须减少公共产品融资。我们的分析表明，宪法强制的税收漏洞和非宪法强制的税收漏洞之间存在重要的标准差异。

10.5 总税收和总开支限制

除了支持某种程度上将总税收或总开支和整体经济基础（如总收入或总产品）关联的建议外，多数经济学家还支持对政府财政权施加某些宪法约束。1973年，通过公投，加利福尼亚第1号提案被废除。1978年，按照惯例，在田纳西州和密歇根州，通过公投，此类提案被纳入了州宪法。1979年初，国家税收限制委员会提交了对美国宪法的此类修正案。美国参议院起草审议时，该修正案把联邦政府开支率的百分比增长限制为前几年国民生产总值的百分比增长，并适当调整，以惩罚造成通货膨胀的政府。这些州提案稍微简单一些，在颁布之日起按比例将州税收或州开支与州财政收入直接关联。

相对的总税收和总开支限制引起了许多经济学家的关注，因为这些限制似乎旨在限制政府的整体规模，防止近几年出现的类似利维坦行为进一步蚕食该经济中的私营部门。与这些看似直接的方法相比，税率限制和税基限制似乎为政府操纵和逃税提供了更大的空间，但仍在宪法允许的财政权力之内。由于施加了有效的总税收或开支限制，政府会被迫采用其他非财政手段逃避宪法要求。

另一方面，比例式建议有几个主要缺点，这会妨碍其有效实施。这些建议尝试在总税收或开支（R 和/或 G）与该经济的总收入或产品（NI 或 GNP）之间建立某种宪法强制关系。这种关系中的两个要素首先需要抽象的定义，其次需要根据特定标准进行专家评定。这种关系中的任何一个要素,除了作为一种抽象概念外,对纳税人来说没有直接意义。这两个要素在个人可衡量的价值上都不重要。相反,可以用个人情况来表述税率或税基限制。纳税人会大致了解《贾维斯-甘恩修正案》中市值1%的上限对其明年的税额意味着什么。她也会了解不允许政府对市政债券或自有房屋的租金价值征利息税时,这意味着什么。纳税人对税基和税率限制的普遍支持属于宪法税收政策辩论的范围,但很难同样支持限制政府财政权的比例式建议。

比例式建议面临的另一个难题是通常建议的特定比例或份额与当前现有情况之间的关系。除了历史事件之外,没有什么可以决定政府当前在总产品中的份额。为什么这一份额必须限定在1980年的水平?可能有人会提出份额适当的观点,且不受当前限制的影响,但宪则政策讨论尚未采取这种形式。因此,很难基于我们先前讨论税率和税基限制类似的分析理由,评估财政约束的整个比例式方法。[7]

10.6 程序限制:合格的多数和预算平衡

第10.3至10.5节分析了所有限制政府财政权的建议,在某种意义上可以将其归为结果导向型或最终状态导向型建议。这些建议旨在具体限制政府可以做什么,不可以做什么。这些建议包括确定特定税率的最大化税率,确定允许政府征税的税基以及允许政府获得和开支的总经济收入或产品中的最大份额。这些提议并不针对政府的决策体系,也不针对产生最终状态结果的过程或程序。限制政府总体财政权的另一种方法是,修改并限制出现政府结果的结构。这种方法在概念上就有大不同。

本章前面提到过,哈耶克建议将设定个人和群体之间税收分配的权力与基于税收分配设定税率水平的权力分开。这项建议属于这里所说的对财政权的程序限制。我们在前文多次提到过,维克塞尔建议,宪法改革规定合格的多数赞同立法议会议员制定的开支法律。维克塞尔从需要一致通过的理想化程序转变为了合格的多数程序,即赞同人数达到议会议员人数的六分之五。参与1970年代讨论的一些参与者要求宪法规定,必须有五分之三或三分之二人数赞同立法机构制定的开支法律。在加利福尼亚州第13号提案中,有一项不太为人所知的条款,即州立法机构中必须有三分之二人数赞同颁布新税。此外,几乎所有先前讨论的具体建议都包括免责条款,以否决战争或国家紧急状态时的限制。这些免责条款几乎都是以州或国家立法机构中合格的多数赞同来阐述。

这些程序改革的提案旨在修改政府可以做出财政决策的程序,间接地限制财政结果。这些建议中有一项特别的提案已获得广泛支持,可以简单讨论一下。1979年初,三十个州的立法机构批准了多项决议,要求召开制宪会议,在美国宪法中增加预算平衡修正案。美国参议院大约三十名议员提交了多项决议,建议对宪法进行此类修正案,但没有采取大会途径。实际上,要求联邦政府平衡预算的建议只是为了确保政府可以用税收支付其开支,而不是用公共债务发行或创造新货币。这一建议并不直接针对税收或开支水平。从某种意义上说,该建议也可以解释为属于税基限制的范畴;如果我们将公共债务发行和货币创造视为税收形式,那就是这种情况。这一修正案将有效地否认政府的这些"税基"。但是，从根本上讲，预算平衡修正案可以用程序解释，它旨在修改政府决策程序，要求决策者（无论他们是谁）平衡成本与收益。

可以说，在经济政策理论中的凯恩斯主义革命之前，预算平衡是美国现有财政宪法的一部分。即使美国的财政宪法不包含预算平衡的正式书面要求，政府决策者的举动也像是这种限制的确约束了他们的财政行为一样。凯恩斯主义革命的结果是废除了财政宪法中的这一部分。[8] 1970年代，支持将预算平衡引入宪法规定的原因是，人们越来越认识到，如果没有这种限制，政府将回到不断出现预算赤字的自然趋势。

与限制性更强的宪法改革建议相比，预算平衡修正案如果通过，不会严重限制利维坦的财政胃口。另一方面，该修正案的支持者预测，如果防止政府掩盖通过创造赤字进行开支的实际成本，那么选举对政府过程的限制会更加有效。从某种意义上说，预算平衡被视为对现代政府财政权施加更全面的宪法约束迈出了第一步。

10.7 迈向真正的税收改革

本章的主要目的不是支持或否决为限制政府的财政权而提出的任何一项或多项宪法改革建议。我们的整个分析可以解释为分析论证以支持某些合理制定的限制。对于这一结论，极端的"利维坦"政治模型并不重要。引入此模型是为了能够以严谨的逻辑进行分析，但是可以在更加"现实"的政治假设方面进行修改，而不破坏支持宪法约束的一般结论。

在"税收改革"方面，我们分析了"宪法税收改革"，特别是"税收限制"。在这里或其他地方，我们都没有兴趣向现在的政府提供税收或其他方面的个人建议。

如果我们能够改变税收改革辩论的理由，那么我们将会为值得认真考虑的税收改革开辟道路。

鉴于这种有限的方法论立场，无论是基于效率、公平还是其他理由，我们在现阶段对"理想的税收安排"提出自己的偏见都是不一致的。我们希望能够证明，如果让潜在纳税人处于假设的立场，允许他选择限制政府征税权的其他约束，那么他会合理利用其选择，施加这些约束。从广义上讲，我们的整个分析可以解释为提供有效论证，支持目前讨论的任何一项或多项宪法财政约束的建议。要走得更远，孤立这些建议的支持性观点，需要进行更深入的分析。我们不想犯错误，去证明最理想的宪法选择模型必然会出现独特的宪法解决方案。

我们在序言和前面几章指出，本书的出版时机安排得既糟糕，也刚刚好。如果提前两三年写作和出版的话，我们的某些分析可能会完全影响当前的某些宪法改革讨论。但是，提前十年的话，我们的整个观点肯定会被忽略。无论社会政治框架的最终改革如何，1970年代的"纳税人抗税"都是令人振奋的政治事件。这一政治事件带来了学术挑战，但经济学家和其他学者中很少有人接受这一挑战。如果我们在本书中所做的分析可以激励他人担此重任，无论政治观点如何，对税收改革的讨论都将超越党派主张的领域，真正讨论限制政府财政权的其他宪法约束。

后　记

有一门经济学学科体现了概念上可供辩驳的假设,即人们在面对限制情况时,这么做的目的是客观地最大化可衡量的价值(净财富)。假设这些限制对于要预测其行为的人而言具有外源性。这些假设的实证检验必须仅限于历史上受到限制的情况下的行为。从逻辑上讲,预测科学的界限是由现实的界限所设定的,此外要考虑与数据含义,数据收集和数据使用有关的实际问题。

现代经济学家在这些界限之外感到不自在,这也许并不奇怪。提出选择限制的问题时,他们会感到不安。如何在标准范式之外建模个人选择行为？如何形成一门实证的规则科学呢？

第一步是基本认识,即在社会秩序内约束行为的限制并不是完全排他的。至少有一些限制是人为的,是刻意选择行为的结果。我们赖以生存的某些规则既不依据物理现实,也不依据社会进化过程,而是设计和意图的产物。基于这种认识可以得出结论,某些社会秩序规则必须进行修改,甚至是"改革"。

应该采用什么标准来指导我们的判断呢？显然,一旦现有规则和过去规则中的行为得到充分描述,实证科学便会陷入困境。规则的改变必然要求我们"迈向我们一无所知的领域"。规则之间的选择本质上具有推测性。

推测可能是合理的。在其他潜在约束下,对个体选择行为建模的分析已成为实证规则科学的重要组成部分,其中假设只是在概念上可辩驳,而不是在实证上可检验。与约束内的选择相比,约束之间的选择体现出了对其他约束的特性更大的不确定性。但是,如果不能完全理解从一种选择情况向另一种选择情况的转变,那么现代经济学家就无法从"不确定条件下选择"的分析转向规则之间选择的分析。人们普遍认为预期效用最大化的标准适用于约束内不确定性情况下的选择,无关于或不适合约束之间的选择。约翰·罗尔斯意识到了这种区别,而大多数经济学家批评家都忽略了。

即使是以某种正确估计的价值为代价,也可以选择限制极端情况的规则。我们不必预测每个孩子都会跌落悬崖,以证明安装栏杆是正确的做法。极小极大规则描述了人们对理性的深刻理解。我们要确保最好的情况有可能发生,预防最坏的情况发生。我们要"在约束内追求自由"。

从基本方法论的角度来看,我们不是呼吁改变现有规则,而是呼吁规则的选择在现代政策改革讨论中应该得到重视。忽视规则必然会陷入无政府状态,许多现代分析表明,已经出现了无政府状态。在这种情况下,混乱状态比比皆是,霍布斯丛林的自然触角开始生根发芽、抢夺,据为己有。

现代人类确实改变了其社会政治规则。现代人类曾经从黑暗时代走来。在此过程中,现代人类不仅受到科学的指引,受到盲目的进化变迁的影响,还受到一些人的理性推测的引导。这些人勇于思考生活规则以外的规则,梦想着未来的各种可能,有些梦想也实现了。重要的是,书中每一章开篇的引用都选自18世纪至19世纪初的作者。

注　　释

第一章

1. 参见约翰·罗尔斯,《正义论》,剑桥:哈佛大学出版社,1971年。这种情况也出现在与詹姆斯·布坎南和戈登·图洛克合著的《同意的计算》(安娜堡:密歇根大学出版社,1962年)一书中的分析密切相关的背景下。

2. 参见詹姆斯·布坎南,《自由的限度》,芝加哥:芝加哥大学出版社,1975年。

3. 社会选择理论家尝试定义"社会"或"政府选择功能"预期的合理属性。然而,在主要矛盾从个人的偏好或价值排序向旨在反映群体潜在选择基础的既定次序转变的过程中,这一切努力都失败了。在社会选择理论中,许多分析的重点都是阿罗的不可能定理。该定理表明,不存在基于个人评估的社会选择功能不会违反施加于该功能的一个或多个合理条件或属性。参见肯尼斯·阿罗,《社会选择与个人价值》,纽约:约翰·威利父子出版公司,1951年。用我们的术语来说,政府甚至在概念上都无法"完美地"运行,因为很多人或公民受到政府运行的影响。A 先生所认为的"完美"政府活动模式,可能在 B 女士或 C 先生看来恰恰相反。

4. 最近,黑尔什姆勋爵和哈耶克教授都极力主张这种假设是无效的。参见黑尔什姆勋爵的《民主的困境》,伦敦:威廉·柯林斯父子公司出版社,1978年;哈耶克,《法律、立法和自由,第3卷,自由人的政治秩序》,芝加哥:芝加哥大学出版社,1979年。

5. 克努特·维克塞尔,《财政理论研究》,耶拿:古斯塔夫·菲舍尔出版社,1896年。

6. 参见詹姆斯·布坎南、戈登·图洛克,《同意的计算》。

第二章

1. 由几位意大利公共财政理论家设计的垄断政府模型与我们的模型具有一些共同特征。德·维蒂·德·马尔科和法西亚尼提供的这些模型是民主政府模型的替代方案。有关意大利人的一般性讨论,以及相关意大利著作的引用,参见詹姆斯·布坎南,"财政学:财政理论中的意大利传统",《财政理论与政治经济学》,教堂山:北卡罗来纳大学出版社,1960年,第24—74页。

2. 参见丹尼斯·罗伯逊,《经济学原理讲义》,伦敦:斯台普斯出版社,1956年,第148—149页和第154页。

3. 参见詹姆斯·米勒三世,"立法程序中的直接投票和代理投票方案",《公共选择》,1969年第7期,第107—113页。

4. 参见布坎南在《自由的限度》(芝加哥:芝加哥大学出版社,1975年)第八章中有关"惩罚困境"的讨论,以及布坎南的论文"撒玛利亚人困境",《利他主义,道德与经济学理论》,费尔普斯编著,纽约:罗素·塞奇基金会,1975年,第71—85页。

5. 在宪法选择上,福利金的所需水平是以下表达式的最大值:

$$\int_0^\infty (B_t - C_t) e^{-rt} dt$$

然而每一周期做出的决定产生以下结果:

$$B_0 + \int_1^\infty (B_t - C_t) e^{-rt} dt$$

其中,B_i表示i时期内总的美元收益,C_i表示i时期内总的美元成本。

6. 要为个人正式建模此问题,请参见谢弗林、理查德·塞勒,"自我控制的经济学理论",《第208号研究报告》,人类行为和社会制度经济分析研究中心,加利福尼亚州斯坦福:国家经济研究局,1977年10月。

7. 在接受个人主权的情况下,相对于周期内偏好,宪法偏好的标准权威根本不明确。在不借助额外价值判断的情况下,无法说一个人是否应优先于

注　释

另一个人。但是，从纯粹实证的角度可以发现，可以在宪法上做出关于周期内结果的决策，但是无论选举规则如何，它们都不会出现在普通的政治过程中，因为周期内偏好不支持这些决策。就其性质而言，这种宪法偏好的政策（包括许多再分配政策）必须不受当前选举过程的影响。

8. 参见安东尼·唐斯，《民主的经济学理论》第一章和第十三章，纽约：哈珀兄弟出版社，1957年。

9. 也就是说，它们拥有的信息水平低于帕累托最优水平。

10. 从本质上讲，这种观点支持政府决策，而不是通过连续公投来决策。但是，没有连续公投，无疑会导致官僚和政客拥有更大的自主权。

11. 为了达到偏好单峰，需要对公共开支领域和税收制度的永久性进行严格限制，虽然这些限制并不需要体现"财政宪法"。

12. 参见唐斯，《民主的经济学理论》第十章。

13. 同上。

14. 举个简单的例子，假设党派 I 在两名选民之间随机分配 280 美元（假设两名选民为 A,B），而党派 II 不知道这两名选民的身份，自己保留剩余的 20 美元。要确立这种策略选择不会让党派 I 的获胜概率降为零，我们需要问的是，如果党派 II 将全部 300 美元分配给选民，它能否获胜。答案显然是否定的。如果党派 II 分配给选民 B 或 C 150 美元，给选民 A 0 美元，而党派 I 分配给选民 B 或 C 150 美元以上，剩余部分分配给选民 A，那么党派 I 将获胜。如果党派 I 的方案是 $(120,160,0)$，党派 II 的方案是 $(0,150,150)$，那么党派 I 将赢得选举。显然，即使党派 I 支付给选民的费用总数较小，也有很多安排可以让党派 I 击败党派 II。

15. 参见唐斯，《民主的经济学理论》第十章。

16. 政治上的被任命者会占据官僚机构的高层（就像他们在美国机构中所做的那样）。在这种情况下，他们受到限制的方式与政客受到选举程序约束的方式大致相同，这取决于他们的任期。但是在官僚机构的某些部门（例如，军事机构）和官僚机构中管理者非政治化的所有部门（例如，英国机构）中，官僚根本不受制于选举限制，无论这些限制是否有效。

17. 参见威廉·尼斯坎南，《官僚制和代议制政府》，芝加哥：艾尔丁-阿瑟顿出版社，1971年。

18. 我们的同事罗伯特·麦凯和卡罗琳·韦弗在其研究中,强调了这种作用的重要性,对尼斯坎南的理论进行了解释。参见罗伯特·麦凯和卡罗琳·韦弗,"垄断局和财政结果:演绎模型及其对改革的意义",《公共政策分析中的演绎推理》,戈登·图洛克、理查德·瓦格纳编著,马萨诸塞州列克星敦:列克星敦出版社,1978年;即将发表的论文"在多个司局情况下预算最大化者的议程控制",《公共选择》,1981年夏;"公共部门的商品捆绑销售和议程控制:数学分析",《弗吉尼亚理工学院和州立大学研究报告CE79-6-1》;以及"论各局与高要求的审查委员会之间的利益相互性",《公共选择》,1979年第34期,第481—491页。另请参见阿瑟·丹泽和罗伯特·麦凯,"垄断局的利益和税收份额歧视",《公共经济学杂志》,1980年。有关作为控制议程制定者垄断权的宪法限制的分析,请参见阿瑟·丹泽、罗伯特·麦凯、卡罗琳·韦弗,"开支限制、议程控制和选民的期望",《国家税收杂志》,1979年6月第32期,第189—200页;"论公投选择和对垄断政府的控制",《城市公共经济学委员会论文集》,1980年5月5日。

19. 可以制定罗尔斯式的财政宪法,让我们制定的规则发挥作用。但这不是我们在这里尝试过的做法,然而,这种做法将代表着一种有前景的研究。

20. 当然,这种推理并不能排除完全再分配的可能性。在利他主义盛行的情况下,或者由于其他原因"捐赠者"从非完全排他的转移中获得收益的情况下,通过公共部门再分配,基于效率理由,在一定范围内是完全合理的。推理确实排除了按照公民期望的纯随机转移的中立性。换言之,再分配过程无成本时,零和的转移实际上是负和。宪法契约自然会设法减少这些负和要素。

21. 参见戈登·图洛克的开创性论文"关税、垄断和偷窃的福利成本",《西方经济杂志》,1967年6月第5期,第224—232页;参见理查德·波斯纳,"垄断和监管的社会成本",《政治经济学》,1975年8月第83期,第807—827页;理查德·波斯纳、安妮·克鲁格,"寻租社会的政治经济学",《美国经济评论》,1974年6月第64期,第291—303页。这些论文和对一般寻租理论有贡献的其他论文收录于《寻租社会理论》,詹姆斯·布坎南、罗伯特·托里森、戈登·图洛克编著,大学城:得克萨斯农工大学出版社,1980年。

第三章

本章中提出的一些主要观点最初见于我们的论文"利维坦政府的税收宪法",《公共经济学杂志》,1977年12月第8期,第255—274页。

1. 现代公共选择理论将税收工具对公共产品供应的影响纳入了公共选择方法。但是,公共选择模型只是明确或隐含地体现了这种假设,即后宪法预算决策符合中位选民或其在立法议会中的代表的公共产品需求。有关这种方法,请参见詹姆斯·布坎南,《民主进程中的公共财政》,教堂山:北卡罗来纳大学出版社,1967年。本书中的分析与公共选择理论的分析截然不同,因为我们用寻求税收的利维坦代替了该分析所假设的以需求为驱动的被动政府。

2. 如果考虑到开支方面,那么理想的高效税收就会成为林达尔式税收价格。从某种意义上说,这种"财政交换"方法消除了强制征税的要素。但是,后一种方法不太属于此处总结的传统税收分析。有关传统财政交换方法的讨论,请参阅詹姆斯·布坎南,"财政交换中的税收",《公共经济学》,1976年7月至8月第6期,第17—29页。

3. 从最广泛意义上讲,"效率"必须与团体中所有成员之间的概念性协议有关。在标准政策的讨论层面,将众所周知的帕累托标准转换成这种共识性条款相对容易,尤其是在允许实际组织补偿的情况下。但是,在宪法选择中,效率的共识性定义(即高效的立场或规则是一种可能无法达成改变共识的立场或规则)无法映射到现代福利经济学中熟知的概念上。"高效"的税收安排从宪法审议阶段的共识中产生,不需要,而且通常预计无法满足以周期内或后宪法上确定的传统效率标准。

4. 我们的模型与威廉·尼斯坎南在其官僚理论中提出的模型存在明显的相似性。参见威廉·尼斯坎南,《官僚制和代议制政府》,芝加哥:艾尔丁-阿瑟顿出版社,1971年。

5. 在最极端的宪法选择情况下,我们可以假设,个人处于某种罗尔斯式"原始地位",身处"无知之幕"背后。参见约翰·罗尔斯,《正义论》,剑桥:哈佛大学出版社,1971年。但是,我们不需要对相关的宪法情况强加这样严苛的要求。更合理的是，我们可以只假设个人对自己的未来地位非常不确定。参见詹姆斯·布坎南、戈登·图洛克，《同意的计算》，安娜堡：密歇根大学出版社，1962年。

6. 使用税收约束来确保 α 值很高的情况将在第七章中进行专门分析。

7. $\bar{G}$ ，α 和税收安排各方面之间的相互关系将在第四章中详细讨论。

8. 对于将较为综合和不太综合的税基比较的情况，即使从传统的角度来说，"较为综合"的综合性不如"理想"时，这种分析同样适用。

9. 根据该模型的假设，个人无法预测后宪法时期他自己在赚取货币收入活动与替代性活动之间的确切偏好模式。我们这里的分析要求这些偏好是标准的。

10. 在这一点上也许要注意，我们假设税收收入（由于这些税收收入是由政府代理人所获得的）不包括在税收本身的综合税基之中。在利维坦为统治阶级或君主的简单假设中，这里所做的假设等同于让国王免除税收。在多数派的政治过程假设中，可以假设对全部所得收入征收综合税，而不是因总税收支出而让多数联盟成员所得的特殊收益，转移等。

11. 图 3.1 可以说明，在我们的政治假设下这种宪法选择情况可以改变为支持综合税基而提出的超额税负观点。传统论点认为，K 点的方案不如采用产生相同税收的综合税基或一般税所得出的方案，后者可以在例如图 3.1 中 H 点的位置产生理想的方案，它在高于 K 点的无差别曲线上。但是，这种观点必须假设，政府一旦有权征收综合税，实际上会将其征税局限于比较等额收益率所决定的税收。

12. 基于马歇尔需求曲线图的局部均衡模型可以说明税收最大化的累退税结构，但是由于收入效应对需求的反馈，因此必须做出更具限制性的假设。出于类似原因，马歇尔需求曲线下的面积不能准确地反映消费者或纳税人的盈余。标准福利三角也不能准确地衡量福利损失，除非图 3.1 中的收入-消费曲线是一条水平线。这里的分析要抛开这样的问题，因为它们与我们的讨论没有特别的关联。

13. 有关在这种外部情况下的讨论，请参见詹姆斯·布坎南，"税收响应中的外部性"，《南方经济杂志》，1966 年 7 月第 33 期，第 35—42 页。

14. 本章附录介绍了不同结果适用的条件的代数推导。

第四章

1. 或者是约翰·斯图亚特·穆勒主张的一种跨期中立的"所得税",《政治经济学原理》,伦敦:朗文出版社,1926年;欧文·费雪、赫伯特·费雪,《建设性所得税》,纽约:哈珀兄弟公司,1942年;威廉·安德鲁斯,"消费型或现金流个人所得税",《哈佛法律评论》,1974年4月第87期,第1113—1188页;詹姆斯·爱德华·米德的最新报告《直接税的结构与改良》,由詹姆斯·爱德华·米德担任委员会主席时起草,伦敦:艾伦-昂温出版有限公司,1978年。

2. 参见柯列特、汉格,"互补性和税收的超额税负",《经济研究评论》,第21期,1953—1954年,第21—30页;阿诺德·哈伯格,"税收资源分配和福利",《直接税和间接税在联邦税收体系中的作用》,美国国家经济研究/布鲁金斯学会编,普林斯顿:普林斯顿大学出版社,1963年,第25—70页;阿巴·勒纳,"论非应税行业的最优税收",《美国经济评论》,1970年6月第60期,第284—296页;鲍莫尔、布拉德福特,"边际成本定价的最优出发点",《美国经济评论》,1970年6月第60期,第265—283页。

3. 当然,除了品味相同外,在所有情况下都存在完全类似的横向公平观点。参见杰佛瑞·布伦南,"横向公平问题的次优方面",《公共财政/金融公报》,1972年第27卷第3期,第282—291页。当然,横向公平的确切政策含义与效率的政策含义不同(除非所有人都有同质偏好),因为与边缘范围内的闲暇互补的商品不可能与整个范围内的闲暇互补。

4. 另一方面,任意一套消费税预期比对所有商品(不包括闲暇)征收统一税的情况更糟。因此,如果不了解互补-替代关系,那么统一税率就更受青睐。参见黄有光,"迈向第三最优理论",《公共财政/金融公报》,1977年第32卷第1期,第1—15页;杰佛瑞·布伦南、麦奎尔,"不确定性下的最优税收政策",《公共经济学杂志》,1975年2月第4期,第205—209页。

5. 我们忽略了 F 点左上方的交点,虽然它一直是累进税收和闲暇消费研究文献中的一个争议源。参见罗宾·巴洛、戈登·斯帕克斯,"关于累进税与闲暇的注解",《美国经济评论》,1964年6月第54期,第372—377页;约翰·海德,"关于累进税与休闲的注解:评述",《美国经济评论》,1966年3月第 66 期,第 172—179 页。

6.线性假设当然很特殊。但是,要注意,这种假设包含在超额税负的常规衡量中。通过仅检查效用函数的相关泰勒级数展开公式的一阶项和二阶项,这些福利损失的衡量实际上只是线性近似值。参见下面的注释 7。

7.超额税负的常规衡量关注的是效用函数的泰勒级数展开公式的第二项。也就是说,如果我们可以将各个效用函数表示为

$$U = f(x_1, x_2, \cdots, x_n)$$

那么

$$\Delta U = \sum_i \frac{\partial f}{\partial X_i} \Delta X_i + \frac{1}{2} \sum_i \sum_j \frac{\partial^2 f}{\partial X_i \partial X_j} \Delta X_i \Delta X_j$$

通过计算可以得出

$$\Delta U = \frac{1}{2} \sum_i \Delta P_i \Delta X_i$$

请参见哈伯格,"税收,资源分配和福利";哈罗德·霍特林,"与税收以及铁路和公用事业费率问题有关的一般福利",《计量经济学》,1938 年 7 月第 6 期,第 242—269 页。采用泰勒级数展开公式的较高项,可以获得更准确的效用变化衡量。这等于是要考虑不同的需求曲线(或边际评估)。这样做可以根据总福利损失对等额最大化税收进行排序,但是会根据文献中其他地方未使用的细化程度来衡量"超额税负",并且在任何情况下都要处理"很小的超额税负"的高序位问题。

8.参见大卫·约翰逊、马克·保利,"超额税负与公共财政自愿理论",《经济学期刊》,1969 年 8 月第 36 期,第 269—276 页。

9.参见琼·罗宾逊,《不完全竞争经济学》,伦敦:麦克米伦出版社,1933 年,第十五章。

10.虽然不在消费者之间或生产单位之上;见下文。

11.人际之间不存在类似于商品之间互补或可替代关系的情况。

12.与其他地方一样,X 的需求曲线和边际评估曲线是相同的(我们要从收入效应中抽象出来),严格来说是为了便于分析。

13.对于私人垄断者利润最大化的数量折扣报价的类似模型的早期分

析,参见詹姆斯·布坎南,"垄断数量折扣的理论",《经济研究评论》,1952年第20期,第199—208页。

14. 注意,税率结构在 Q_s 点附近急剧累进,但在其他地方是累退的。

15. 哈伯格,"税收、资源分配和福利",第4.3节。

第五章

1. 可以说,对李嘉图等价所需的未来税收负担完全打了折扣,在心理和实证上都不现实,因此不应以此为基础做政策分析。参见詹姆斯·布坎南,"巴罗论李嘉图定价定理",《政治经济学杂志》,1976年4月第83期,第337—342页。

2. 有关我们对李嘉图定价定理的评论,请参见杰佛瑞·布伦南、詹姆斯·布坎南,"李嘉图等价定理的逻辑",《公共财政分析》,1980年第38卷第1期,第4—16页。

3. 认识到一部分税收用于那些本来不会供应的公共产品开支后,我们在这一阶段搁置了对纳税人行为的限制。如果我们牢记讨论中的纳税人是众多纳税人之一,每个纳税人都会通过避税来合理"搭便车",那么这就是完全合理的。

4. 这场游戏可以描述如下:

纳税人的策略	利维坦政府的策略	
	没收税	非没收税
储蓄一些	[5,20]	[15,10]
消费全部	[10,0]	[10,0]

其中,纳税人的收益是第一个提到的,利维坦政府的收益是第二个提到的。由于没收税对于利维坦而言是主要的,因此纳税人会消费全部。

5. 对以黑格-西蒙斯方式衡量的所得收入征税也是如此,有时称之为"净增值"概念或收入定义。

6. 这也是大多数传统的所得税税率"指数"计划所忽略的一方面。加拿大和澳大利亚实行的简单利率调整做法无法解决这个问题。

7. 盈余是(最大)税收的一部分$(1-\alpha)$,其中α表示必须用于公共产品的税收比例。

8. 两个轴均反映了每个时期最大税收按比例 $1-\alpha$ 缩减。

9. 在消费税安排下,图 5.2 中的潜在均衡点为 $A'B'$,使得潜在税收收入的轨迹为 AB 减去 $A'B'$ 或 $A'B'$(因为最大化消费税率为 50%)。因此,消费税收组合位于图 5.4 中直线 AV 上某一点,并且位于 IQ 内,除非在资本税情况下最大化税收(图 5.3 中的 $B'S'$)小于 $A'A$ 的利息,如图 5.4 中的 QK 所示。可以想象,图 5.2 中的 $B'Q$ 超过了图 5.3 中的 $B'S'$,但它绝不是必需的,而且的确有些不太可能。我们在图 5.3 中以这种方式进行了绘制。在任何情况下,要使这成为利维坦的一种效用最大化可能,纳税人必须大量储蓄,使个人作为储蓄者的较高效率抵消因消除收入或资本税组合而产生的税收损失。

10. 利维坦政府可能会强迫个人购买债券,或者通过税收其他优惠诱使他们购买债券。我们在这里不研究强制购买的问题。

11. 参见第九章中关于宪法选择视角下可能的税收出口的讨论。

第六章

1. 显然,经济的"开放性"会限制政府创造货币的权力,这与宪法约束大相径庭。在竞争性货币情况下,可以预期税收最大化通货膨胀率会降低,只是因为国内垄断权被削弱了。参见哈耶克,《货币的非国有化:并行货币的理论和实践分析》,伦敦:经济事务研究所,1976 年。

2. 有关在完全不同的分析背景下进行回购或其等价物必要性的讨论,参见佩塞克、萨文,《货币、财富和经济学理论》,伦敦:麦克米伦出版公司,1967 年。

3. 也可以想象政府仅印制"第一阶段的货币"的情况,即只针对特定时期的合法货币。这种货币存量的资本价值大概是其合法期内所提供的交易服务的价值。在此处引用的例子中,第一阶段的价值大概为 rM。年度货币制度有些方面很有趣,但是不存在会剥夺政府从通货膨胀中获得利益的情况。但是,我们知道货币是一种持久的资产——是一种存量,而不是年度交易服务流量——我们都是基于这一点进行的讨论。

注　释

4. 我们在这里并非要说,此模型中定义的"土地"资源具有真实的对应物。我们的目的是剔除资源中可以解释货币创造权力的特征。

5. 假设一直到 Q^* 的区间内获得的额外价格可以补偿政府在延迟从额外单位土地出售中获得收入时放弃的利息。例如,在第一阶段,利维坦政府可以按照价格 L_1 释放单位 Q_1,旨在下一阶段释放额外单位(Q_2-Q_1),或者按照价格 L_2 释放所有单位 Q_2。在前一种情况下,政府可以在第一阶段获得价值,即

$$L_1 Q_1 + \frac{(Q_2 - Q_1) L_2}{1+r} \tag{1'}$$

因为它必须等到第二阶段才能从额外单位(Q_2-Q_1)中获得税收。在后一种情况下,政府可以在第一阶段获得价值,即

$$L_2 Q_2 \tag{2'}$$

当且仅当 $Q_1(L_1 - L_2) > r(L_2 Q_2 - L_1 Q_1)$ 时　　　　　(3')
(1') 大于 (2')。

在 L^* 之上的区间内,公式(3')中右边为正,可能大于左边。如果是这样,利维坦政府将立即移动到点(L^*, Q^*),继续增加大于 Q^* 的连续单位。在此区间内,公式(3')的右边为负,从而使得该公式始终成立。

6. 可以通过以下问题来确定相同的资本化价格:在通货膨胀率情况下,如果每个时期持有的实际货币存量为 $\bar{M}$,那么政府获得的税收的当期资本化价值是多少? 现在,

$$\bar{M} = \frac{M_0}{p_0} = \frac{M_1}{p_1} = \cdots = \frac{M_n}{p_n} = \cdots$$

且根据实际的计价单位来测算。政府在每个时期获得的实际税收是由于其不需要支付 $\bar{M}$ 的利息而得到的 $r\bar{M}$,加上通过紧缩货币所代表的实际债务而得到的 $i\bar{M}$。这种税收流以某种实际计价单位表示,必须通过实际的收益率进行资本化以得出

$$\left(\frac{r+i}{r}\right)\bar{M}$$

7. 米尔顿·弗里德曼强调了这种方案,参见"最优货币量",《最优货币量

及其他论文》,芝加哥:艾尔丁-阿瑟顿出版社,1969年,第1—50页。

8. 我们在本章的分析与现代宏观经济理论提出的"理性预期"模型既有相似之处,也有不同。请参见托马斯·萨金特、尼尔·华莱士,"理性预期与经济政策理论",《货币经济学杂志》,1976年4月2日,第169—183页;卢卡斯,"自然利率假设的经济计量检验",《价格决定的计量经济学会议文集》,埃克斯坦编著,华盛顿特区:美联储系统理事会,1972年。虽然隐含地认为政府对促进标准的宏观经济政策目标感兴趣,但与经济学传统理论一样,这些模型通常不包含针对政府的特定目标函数。这些模型关注的是个人能够根据政府可获得的相同信息而采取行动的前景;因此,政府无法以随后无效的方式单独影响行为。政府不能"愚弄人民"。我们的收益最大化利维坦政府确实有特定的最大需求,并且完全"理性"的公民-纳税人可能知道这一点,但正如我们的分析所示,这种认识不能消除个人与政府之间互动的战略层面。例如,如果个人预测利维坦政府将采用税收最大化的永久性通货膨胀率,并根据其预测采取行动,那么他会发现通货膨胀超出这种限制才符合自己的利益。据我们所知,只有杰拉德·欧德里斯科尔和安德鲁·肖特对关注这些战略层面的理性预期的文献发表过评论,但是他们没有以利维坦的方式来建模政府。参见安德鲁·肖特、杰拉德·欧德里斯科尔,"为何理性预期不现实:纽卡悖论的应用",《讨论文件》,纽约大学应用经济学中心,1978年11月。

9. 参见第五章注释3。

10. 有关与我们的分析方法相似的讨论,请参见拉里·斯加斯塔德,"为什么稳定的通货膨胀会失败:从政治经济学角度分析",《世界经济的通货膨胀》,迈克尔·帕金、乔治·吉斯编著,曼彻斯特:曼彻斯特大学出版社,1976年,第73—86页。

我们要注意,从高通胀率到低通胀率的转变,在短期内会增加而不是减少政府在创造货币方面的税收潜力。如果这种转变导致人们对货币单位的价值期望更高,那么他们会努力增加货币余额。相比于因印刷厂最初关闭或放慢而造成损失,政府会暂时从响应这种需求所决定增加的货币创造中获得更多收益。有关讨论,请参见戈登·图洛克,"你能永远欺骗所有人吗?"《货币、信贷与银行杂志》,1972年5月第4期,第426—430页。

11.参见哈里·约翰逊,"论不诚实的政府和通货膨胀税",《货币经济学杂志》,1977年7月第3期,第375—377页。

12.参见玛廷·贝利,"通货膨胀金融的福利成本",《政治经济学杂志》,1956年4月第64期,第93—110页;卡根,"恶性通货膨胀的货币动力学",《货币数量理论研究》,米尔顿·弗里德曼编著,芝加哥:芝加哥大学出版社,1956年,第25—117页;爱德华·托尔,"再论通货膨胀金融的福利成本",《货币信贷与银行杂志》,1971年11月9期,第850—860页。

13.参见玛廷·贝利,"通货膨胀金融的福利成本",第93—94页。

14.参见爱德华·托尔,"再论通货膨胀金融的福利成本"。

15.从几何上讲,我们可以通过采用D_m与矩形双曲线相切的速率来推导贝利的"税收最大化规则",该矩形双曲线以纵坐标为其纵轴,以零通胀或1美元线为其横轴,如图6.3所示。D_m与矩形双曲线的切点决定真正的税收最大化率,该矩形双曲线的纵坐标和横坐标分别为其纵轴和横轴,如图6.3所示。后者的速率必须低于贝利的速率,因为后者的双曲线低于前者的双曲线。

16.有关此话题的详细讨论,请参见詹姆斯·布坎南,《民主进程中的公共财政》,教堂山:北卡罗来纳大学出版社,1967年,第十章。

17.参见埃德蒙·费尔普斯,"公共财政理论中的通货膨胀",《瑞典经济学杂志》,1973年3月第75期,第67—82页;杰里米·西格尔,"论最优税收和最优通货膨胀率",《货币经济学杂志》,1978年4月第4期,第297—305页。

18.亚瑟·伯恩斯的立场与这里的立场形成了鲜明的对比。在1979年年中的美国企业研究所会议上,伯恩斯表示支持税收或财政规则,同时坚决反对货币规则。

第七章

本章的初版以"作为限制公共收入分配的税收工具"为题发表于《公共经济学杂志》,1978年6月第9期,第301—318页。

1.除了水平与分配外,决定公共开支总体效率的第三项要素是预算开支在各个组成部分之间的构成。尽管我们的分析有重要的意义,但我们没有明确讨论此要素。

2. 有一次,人们发现,为荷兰战争投票的钱,有将近一半用在了最虔诚、最亲切的国王的"享乐"上——参见《佩皮斯日记》,公元1666年,9月23日和10月。参见"爱丁堡评论"和"最大幸福原则"中的脚注,《威斯敏斯特评论》,1829年10月第22期;转载于《功利主义逻辑与政治》,杰克·莱弗利、约翰·里斯编著,牛津:克拉伦登出版社,1978年,第184页。这篇发表在《威斯敏斯特评论》上的文章的作者不详。

3. 在尼斯坎南模型中,利维坦通过产生过量的 G 来获得"盈余"的等价替代物。参见威廉·尼斯坎南,《官僚制和代议制政府》,芝加哥:艾尔丁-阿瑟顿出版社,1971年。该模型之所以受到批评,恰恰是因为它没有考虑到从真正的公共产品融资中转移出来的税收。参见让·卢克·米格、杰拉德·贝朗格,"迈向管理自主权的一般理论",《公共选择》,1974年春第17期,第27—42页。

4. 根据图7.1中 CC' 和 NN' 的形状所隐含的二阶条件(即 $\partial^2 B^*/\partial G^2 < 0$)。

5. 此处所述的安排和根据"财政努力"标准将集团拨款或税收分配返还给地方单位之间有相似性。但是,在这两种情况下,这一目的截然相反。利用财政努力标准的目的是,确保地方政府对公民征收足够高的税。然而,我们的模型旨在确保税收用于公共产品开支而非官僚特权。

6. 尽管它们的重点与本章的重点不同,但阿特金森和斯特恩引入了公共产品和税基之间的互补性,作为分配最优预算的决定因素。参见阿特金森、斯特恩,"庇古、税收和公共产品",《经济研究评论》,1974年4月第41期,第119—128页。

7. 参见厄尔·汤普森,"税收与国防",《政治经济学杂志》,1974年7月—8月第82期,第755—782页。

8. 从这种一般意义上讲,该分析很显然与公共产品收益和税收资本化为土地价值的讨论和分析有关,特别是在个人可以在地方政府迁移的情况下。

9. 参见詹姆斯·布坎南,"目的税的经济学",《政治经济学杂志》,1963年10月第71期,第457—469页。另请参见詹姆斯·布坎南,《民主进程中的公共财政》,教堂山:北卡罗来纳大学出版社,1967年,特别是第六章。

第八章

1. 有关财政宪法的一般讨论,参见肯尼斯·丹姆,"美国财政宪法",《芝加哥大学法律评论》,1977年第44期,第271—320页。

2. 有关税收和收益分析中法律-宪法不对称的讨论,请参见大卫·图尔克,"宪法不对称",《非市场决策文集》,1967年第2期,第27—44页。

3. 有关这种可能性的讨论,请参见哈罗德·霍克曼和詹姆斯·罗杰斯,"帕累托最优再分配",《美国经济评论》,1969年9月第59期,第542—557页。

4. 此处讨论的现象也不必局限于"环境法规",即便可以对其进行广义和包容性定义。我们需要在某个合法性论证阶段,适当提及"公共利益",以超越最低的法律接受标准。理查德·波斯纳在其论文"按规则征税"(《贝尔经济与管理科学杂志》,1971年第2期,第22—50页)中,强调了诸如铁路客运服务、当地航空公司服务和天然气定价管理之类的内部补贴因素。

第九章

1. 参见查尔斯·蒂布特,"地方政府开支的纯理论",《政治经济学杂志》,1956年10月第60期,第415—424页。

2. 大卫·弗里德曼分析了一种税收最大化的竞争性国家制度——无成本移民,但其吸引力与人口密度有关。参见大卫·弗里德曼,"剥削性税收的竞争模型",由弗吉尼亚理工学院和州立大学印制,1979年8月。另请参见丹尼斯·埃普尔、艾伦·泽列尼兹,"司法管辖区之间的竞争和政府的垄断权",《研究报告》,卡内基-梅隆大学工业管理研究生院,1979年3月。

3. 相关例子,请参见阿尔伯特·布雷顿,"政府补助理论",《加拿大经济与政治科学杂志》,1965年5月第31期,第175—187页。另请参见戈登·图洛克,"联邦制:规模问题",《公共选择》,1969年第6期,第19—29页;曼瑟尔·奥尔森,"财政对等原则",《美国经济评论》,1969年5月第59期,第

479—487页;阿尔伯特·布雷顿、安东尼·斯科特,《联邦国家的经济宪法》,多伦多:多伦多大学出版社,1978年;理查德·阿贝尔·马斯格雷夫,"政治联邦制的财政理论的研究方法",国家经济研究局编,《公共财政:需求、来源和利用》,普林斯顿:普林斯顿大学出版社,1961年,第97—122页;以及查尔斯·蒂布特,"财政分权的经济学理论",《公共财政:需求、来源和利用》,第79—96页。

4.有关进一步讨论,请参见詹姆斯·布坎南,《自由的限度》,芝加哥:芝加哥大学出版社,1975年。另请参见罗伯特·诺齐克,《无政府、国家与乌托邦》,纽约:巴西克图书出版社,1974年。

5.从历史上看,联邦制政治结构源于以前独立部门之间的某种协作,而不是在宪法决策阶段故意分散政治权力。但是,将后一种联邦制起源模型概念化,在分析上更加有效。

6.厄尔·汤普森指出,保护性国家服务与"贪求的财富"直接相关。他的论点支持允许中央政府在指定的利率范围内对非人力财富征税。参见厄尔·汤普森,"税收与国防",《政治经济学杂志》,1974年7—8月第82期,第755—782页。厄尔·汤普森的理论源于一种论断,即政府完全有效且完全受约束,如此才能产生选民所期望的结果。我们的公共选择替代模型产生了一种完全不同的资本税标准评估(请参见第五章)。

第十章

1.然而,我们使用极小极大策略似乎比罗尔斯更合理,因为我们明确地对"对手",即利维坦政府的行为建模,而不是"自然政府",虽然"自然政府"分配人才和能力时毫无恶意。

2.有关此谚语的具体讨论,请参见詹姆斯·布坎南,《民主进程中的公共财政》,教堂山:北卡罗来纳大学出版社,1967年,第五章。

3.芝加哥:芝加哥大学出版社,1960年。

4.同上。

5.我们要注意到,哈耶克隐含地建议应该改变类似于英国政治结构的议会制政府,但他提出的建议不太适合美国的情况。

6.有关全面分析扩展税收规则的时间顺序对人们之间达成协议的前景所产生的影响,请参见安东尼奥·平托·巴博萨,《财政程序的宪法方法:对某种逻辑基础的研究》,博士论文,弗吉尼亚理工学院和弗吉尼亚州立大学,1978年。

7.有关1978年问题中税收限制的一般讨论,请参见杰佛瑞·布伦南、詹姆斯·布坎南,"税收限制的逻辑",《国家税收杂志》,1979年6月第32期,第11—22页。

8.詹姆斯·布坎南和理查德·瓦格纳合著的《赤字中的民主》(纽约:学术出版社,1977年)详细阐述了这一主题。

索　引

（下文页码为英文原书页码，即本书边码。）

agenda, bureaucracy control of, 24 议程，～官僚制控制

anarchy, Hobbesian, 4, 10 无政府，霍布斯式的

Andrews, W. D., 94, 212 安德鲁斯，W. D.

announcement effects of taxes, 87—92 税收的公布效应

Arrow, Kenneth, 208, 221 阿罗，肯尼斯

Atkinson, A. B., 218, 221 阿特金森，A. B.

Auster, Richard D., 221 奥斯特，理查德 D.

Bailey, Martin, 125, 126, 127, 129, 132, 217, 221 贝利，玛廷

Barbosa, Antonio Pinto, 220, 221 巴博萨，安东尼奥·平托

Barlow, Robin, 213, 221 巴洛，罗宾

Barro, Robert, 214 巴罗，罗伯特

Baumol, W. J., 57, 213, 221 鲍莫尔，W. J.

Belanger, Gerard, 218, 224 贝朗格，杰拉德

Bergson, A., 14, 221 柏格森，A.

Bohanon, Cesil, xiii 博安侬，塞西尔

borrowing, see public debt, 借贷（参见公共债务）

Bradford, D. F., 57, 213, 221 布拉德福特，D. F.

Brennan, Geoffrey, 213, 214, 220, 221 布伦南，杰佛瑞

Breton, Albert, 219, 221 布雷顿，阿尔伯特

Buchanan, James M., 208, 209, 210, 211, 212, 214, 217, 218, 219, 220, 221, 222 布坎南，詹姆斯 M.

budget balance as procedural constraint, 154—155, 202—203 预算平衡作为程序限制

budget size and regulation, 166 预算

规模与监管
bureaucracy 官僚体制
　　～权力,23—24
　　～理论,137
Burns, Arthur, 217 伯恩斯,亚瑟

Cagan, Phillip, 126, 217, 222 卡根,菲利普
capital 资本
　　～消费以避税,92
　　～创造和储蓄,83
capital value as revenue source, 83 资本价值作为税收来源
Carter, Richard, xiii 卡特,理查德
choice 选择
　　～限制之间,206—207
宪法的～,3,30—33,57—58,188
coercion as means of governing, 7, 163—167 强制作为统治手段
common law, 165 普通法
compensation, just, 164 赔偿,公正
comprehensiveness 综合性
　　～在个人所得税方面,194
　　～在税基方面,36,39,48
competition among governments, 186 政府间的竞争
conscription, 164 征兵
constitution 宪法
　　定义～,2—4
　　～范围,18—20

联邦的～,171—183
财政的～,153,204
～逻辑基础,4—5
货币的～,111,128—134
～作为规则,3,5—6
constraint 限制
　　～作为偶然,84
选举的～,5—6,8,17—26,32
程序的～,154—156
　　～在程序方面,202—203
　　～在进程方面,155
　　～在比率方面,200—201
　　～在征用权方面,164—166
　　～在税基方面,39—44,198—200
　　～在税率方面,39—44
　　～在资本税收方面,92
　　～在总支出与税收方面,200—201
consumer's surplus, 41, 72 消费者盈余
Corlett, W., 57, 212, 222 柯列特, W.
corruption in public officials, 6 公务员腐败
Cowling, Keith, 222 考林,凯斯

Dam, Kenneth, W., 218, 222 丹姆,肯尼斯, W.
Davis, O., 222 戴维斯, O.
debt, see public debt 债务（参见公共债务）
defense 国防
　　～与资本税,151

~与中央政府,175

degression in tax rate structure,43 税率结构中的递减累进

democracy 民主

~与选举程序,5—6

代议制~,18

Denzau,Arthur,210,222 丹泽,阿瑟

despot,benevolent,10 专制,仁慈的

~作为政府模型,4,189

De Viti De Marco,A.,208,222 德,维蒂·德·马尔科,A.

discrimination 差别

~与报价表,77

完全的~,67

~在开支方面,161

~在税收价格方面,31,72,157

~在税收结构方面,69—78

~在税收和超额税负方面,71

domain of politics,5,153—160 政治领域

Downs,Anthony,19,21,22,31,209,210,222 唐斯,安东尼

draft,military,164 征兵,军队

due process,164 正当程序

duopoly,theory of,22 两强垄断,~的理论

earmarking,136,150—152 特定用途

Eckstein,O.,216 埃克斯坦,O.

efficiency 效率

~在开支方面,38

~从税收和宪法的视角,36

effort,fiscal in relation to inter-governmental grants,182 措施,与政府间拨款有关的财政的

elasticity 弹性

需求与超额税负的~,62

实际余额需求的~,119

税基需求的~,43,50

收入~,141

~与税收剥削,169—170

eminent domain,164 征用权

enforceability of constitution,9 宪法的强制性

environmental controls,65 环境监管

Epple,Dennis,219,222 埃普尔,丹尼斯

equality before law,157 法律面前一律平等

equi-revenue comparison 等额税收比较

~与商品税,56—57

~与最大税收模型,56

~与税收改革,193

~对于税收理论,34—35

equity,horizontal,35—36,46,56,195 横向公平

erosion of tax base,48 削弱税基

excess burden 超额税负

~与需求弹性,62

~与同等最大税收,56

索 引

同等最大税收情况下相同~,61
~关于多数联盟,159
~与税收最大化,193
~与最大税收,60,64
~与最优税收,57
在完全差别税情况下的~,70
~与税率,44
税收的~,35
excludability in public goods,177—178 公共产品中的排他性
expectations, inflationary, 121—125 通货膨胀预期
expenditure, public, the domain of, 161—163 公共开支领域
expenditure, tax, 39,93—94 开支,税收
exportation, of taxes, 169 税负输出
externality 外源性
　　管辖区之间的~,176
　　在税收反应方面的~,46

fairness, criteria of justice, 3 公平,公正标准
Fasiani, M.,208 法西亚尼,M.
federalism, and fiscal constitution, 173—181 联邦制,~与财政宪法
Feldstein, Martin, 94 费尔德斯坦,马丁
Fisher, H. W.,212,222 费雪,H. W.
Fisher, Irving, 94,212,222 费雪,欧文
free-rider,7,19 搭便车
Friedman, David, 218,222 弗里德曼,大卫
Friedman, Milton, 129,130,132,216, 217,223 弗里德曼,弥尔顿

general equilibrium, and commodity tax analysis,80—82 一般均衡,~与商品税分析
generality 一般性
　　规则方面~,156—161
　　开支方面~,161;~作为财政约束,162
　　税收方面~,36;~作为财政约束,157—161
government 政府
　　人为组建~,1
　　~的发展,24
　　受限的~,10
　　作为垄断~,10
　　作为自愿交换~,4
grants, theory of, 181—183 拨款理论

Hague, D.,57,212 黑格,D.
Hailsham, Lord, 208,223 黑尔什姆勋爵
Hanson, Bent, 14,223 汉森,本特
Harberger, Arnold, 57, 80, 81, 212, 213,214,223 哈伯格,阿诺德
Hayek, F. A., 156, 157, 161, 191, 192,195,202,208,215,220,223 哈耶克,F. A.
Head, John G.,213,223 海德,约翰,G.

highway, taxation of, 144 公路, ～的征税
Hobbes, Thomas, 4, 10, 223 霍布斯, 托马斯
Hochman, Harold, 218, 223 哈克曼, 哈罗德
homo economicus, 16 经济人
Hotelling, Harold, 213 霍特林, 哈罗德
Hume, David, 34, 223 休谟, 大卫
hyperinflation, 126 恶性通货膨胀

ignorance, rational, 19—20 理性无知
incidence of taxation, 1 税收归宿
income elasticity, of demand for tax base, 141 收入弹性, 税基需求的～
inflation 通货膨胀
　　～与预期, 121
　　～作为资本税, 97
　　～与所得税, 130—131
　　～的税收最大化率, 119—120
　　～作为利维坦的策略, 127
　　～作为对货币余额的征税, 113—121
information as public good, 19—20 信息作为公共产品
interdependence among constraints, 154 限制之间的相互依存
international economy and taxing power, 168 国际经济和征税权

Jefferson, Thomas, 168, 223 杰斐逊, 托马斯
Johnson, David B., 213, 223 约翰逊, 大卫 B.
Johnson, Harry G., 123, 217, 223 约翰逊, 哈里 G.

Kaldor, N., 94 卡尔多, N.
Keynes, J. M., 109, 223 凯恩斯, J. M.
Keynesian economics and fiscal constitution, 203 凯恩斯经济学与财政宪法
Krueger, Ann O., 210, 223 克鲁格, 安妮 O.

law, rule of, 156—171 法治
Lerner, Abba, 57, 212—213, 223 勒纳, 阿巴
leviathan 利维坦
　　～现实性和可能性, 15—16, 84
　　～模型和税收改革, 188
　　维克塞尔～模型, 155
　　～作为政府模型, 26—30, 37
　　～作为庞大的组织, 28—39
　　盖然的～, 90—91, 124—125
　　～与理性资本税, 89
　　～作为税收最大化者, 26—30
　　～与时间偏好, 98—99
　　不受约束的～, 33
　　～与税收使用, 136
life-cycle and saving, 83 生命周期和

索 引

储蓄
limits 限制
 宪法的～,9
 关于程序～,202—203
 按照比率～,200—201
 关于征用权～,164
 关于税基～,198—200
 关于税收限制～,166
 关于税率～,196—198
 ～关于税收改革,192—196
 ～关于总开支与税收,200—201
 ～关于税收使用,136
Lindahl taxes,211 林达尔税收
Lively,Jack,218,223 莱弗利,杰克
loopholes,46,199—200 漏洞
Lucas,R. E.,216,223 卢卡斯,R. E.

McGuire,T. G.,213,221 麦奎尔,T. G.
Mackay,Robert,210,222,223 麦凯,罗伯特
Madison,James,55,223 麦迪逊,詹姆斯
majorities,qualified,202 大多数,有资格的
majority rule 多数裁定原则
 ～作为一种约束,7,20
 ～与周期,20—21
 ～与财政约束,37
 在一般税收情况下～,157—161
 ～与周期内税收调整,190
 运行～,20—21

～与党派竞争,21
Marshall,John,v 马歇尔,约翰
Meade,James E.,212,224 米德,詹姆斯 E.
median voter,86 中位选民
 ～模型和宪法选择,189
migration and fiscal constraints,171—173 移民和财政约束
Migue,Jean-Luc,218,224 米格,让·卢克
Mill,J. S.,1,13,94,212,224 穆勒,J. S.
Miller,James C.,III,17,209,224 米勒三世,詹姆斯 C.
minimax strategy,xiii 极小极大策略
 ～与宪法改革,188
mobility,costs and fiscal surplus,179 流动、成本和财政盈余
model of politics,1 政治模型
 仁慈专制～,4
 需求驱动的～,14—15
 经济学的～,13
 意大利的～,208—209
 利维坦～,26—30
 自愿交换～,4,7
money 货币
 竞争性～,110
 ～与公开市场,110
 ～与名义价值,117
 ～的交易服务,112
money creation 货币创造

～作为垄断特许权,109

最优的～,120

～作为没有通货膨胀的税收来源,111

monopoly 垄断

　　差别的～,67

　　在市场和税收上～,74

　　政府～模型,16—26,42

　　官僚机构的权力～,23

　　税收与～类似,41,42,199

Montesquieu,C.,v,224 孟德斯鸠,C.

Mueller,Dennis,222 缪勒,丹尼斯

Musgrave,R.A.,14,219,224 马斯格雷夫,R.A.

National Science Foundation,xiii 国家自然科学基金会

Nellor,David,xiii 内勒,戴维

Ng,Y.K.,213,224 黄有光

Niskanen, William, 137, 210, 211, 218,224 尼斯坎南,威廉

nonexcludability,of public goods,162 非排他性,公共产品的～,

Nozick,Robert,219,224 诺齐克,罗伯特

O'Driscoll, Gerald P., Jr., 216, 225 德里斯科尔,杰拉德 P.,Jr

Olin foundation,xiii 欧林基金会

Olson,Mancur,219,224 奥尔森,曼瑟尔

optimality 最优性

　　联邦结构方面～,179—181

　　货币规则方面～,131—132

Ordeshook,P.,222,224 奥德舒克,P.

orthodoxy 传统

　　～在通货膨胀作为税收的分析中,125—128

　　商品税理论～,56

　　财政～,xi

　　收入和资本税理论～,84—87

　　税收改革主张～,193

　　税收理论～,12

　　财政联邦制理论～,174—175

Orton,W.A.,83,224 奥顿,W.A.

Pareto,V.,21 帕累托,V.

Pareto optimality,21,31 帕累托最优

Parkin,Michael,217 帕金,迈克尔

party competition, and surplus, 21—22 党派竞争,～与盈余

Pauly,Mark V.,213,223 保利,马克 V.

Peacock,A.J.,224 皮考克,A.J.

Pesek,Boris P.,215,224 佩塞克,鲍里斯 P.

Phelps,E.S.,192,209,217,224 费尔普斯,E.S.

Pigou,A.C.,14,224 庇古,A.C.

political process,models of,1,4,26—

30,208—209 政治过程,～的模型
Posner,Richard A.,210,219,224 波斯纳,理查德 A.
principles,of taxation,1,34 税收原则
prisoner's dilemma,19 囚徒困境
　　～与税收竞争,171
process,as constraint,155 过程,～作为约束
progression in taxation,35,43,44,195 税收累进性
　　～与法律面前人人平等,157
　　～与税收潜力,47
　　～与法治,191
proportionality in taxation,35,41,43 税收比例性
　　～与法律面前人人平等,157
　　～与法治,191
Proposition 13,xi,25,189,196—198 第 13 号提案
public choice,29 公共选择
　　政府模型的～,14
　　～理论,5
public debt 103—107 公共债务
　　外部的～,106
　　～与临时经费,104
　　对～的限制,104
　　～与征税权,104
public goods,24,27,162 公共产品
　　～的范围,176—179
　　～与税收要求,63

public spending 公共开支
　　～的范围,161—163
　　～与监管,166

Rawls,John,xiii,3,19,32,188,207,208,211,220,224 罗尔斯,约翰
redistribution,Rawlsian,163 再分配,罗尔斯式
Rees,John,218,223 里斯,约翰
referenda,17 公投
regression in tax rates,35—36,41,43 税率累退性
　　～与差别,71
regulation,and budget size,166 监管与预算规模
rent-seeking,33 寻租
rents,locational,and fiscal surplus,172—173 区位租金和财政盈余
revenue and demand for public goods,63 税收与公共产品需求
revenue limits,200—201 税收限制
revenue maximization,model of Leviathan,26—30,37—39 税收最大化,利维坦模型
revenue sharing,183 税收分配
revenues 税收
　　分配与水平的～,135
　　源于货币创造的～,115—121
Ricardian equivalence theorem,85 李嘉图定价定理

Ricardo, D. , 85 李嘉图, D.
Riker, W. H. , 224 瑞克, W. H.
Robertson, Dennis H. , 16, 209, 224 罗伯逊, 丹尼斯
Robinson, Joan, 214, 224 罗宾逊, 琼
Rodgers, James, 218, 223 罗杰斯, 詹姆斯
Ross, Betty, xiv 罗斯, 贝蒂
Rowley, Charles, xiii, 224 罗利, 查尔斯
rule of law, 156—161 法治
～与税收, 191
rules, as "constitution," 3 作为"宪法"的规则

Samuelson, P. A. , 14, 27, 224 萨缪尔森, P. A.
Samuelsonian public goods, 162 萨缪尔森式公共产品
Sargent, T. , 216, 225 萨金特, T.
Saving, Thomas R. , 215, 224 萨文, 托马斯 R.
Schotter, Andrew, 216, 225 肖特, 安德鲁
Scott, Anthony, 219, 221 斯科特, 安东尼
second-best and commodity taxes, 57 次优与商品税
Shefrin, A. M. , 209, 225 谢弗林, A. M.
Shoup, Carl, 225 休普, 卡尔
Siegel, Jemery, J. , 217, 225 西格尔, 杰里米 J.

Silver, Morris, 221 西尔维, 莫里斯
Simons, Henry, 225 西蒙斯, 亨利
Sjaastad, Larry A. , 217, 225 斯加斯塔德, 拉里 A.
Smith, Adam, 16, 29, 135, 187, 225 斯密, 亚当
social welfare function, 14 社会福利函数
Sparks, Gordon R. , 213, 221 斯帕克斯, 戈登 R.
Stern, N. H. , 218, 221 斯特恩, N. H.
substitutability between fiscal and nonfiscal constraints, 163—167 财政约束与非财政约束之间的可替代性
surplus, as maximand for Leviathan, 137 盈余, ～作为利维坦的最大需求
taking, the power of, 8, 164—165 征用权
tariff, optimal, 169 最优关税
tax constitution, 36 税收宪法
～在联邦国家中, 183—184
～在国际经济中, 171—173
tax exportation, 169 税负输出
tax incidence, 1 税收归宿
tax limits and tax reform, 48—49, 192—196 税收限制与税收改革
tax prices, Lindahl, 211 税收价格, 林达尔

索　引

tax rates 税率
　　～公布效应,87—92
　　～的限制,196—198
　　对商品统一的～,65—68
　　对人统一的～,68—69
tax reform xii,11 税收改革
　　～在民主国家,191
　　～的前景,192—205
　　～与税收,193
tax revolt,xii,11,25,189,194 抗税
tax rules 税收规则
　　～作为宪法规则,191
　　在开放经济中的～,171—173
taxation 税收
　　税基广泛的～,57,196
　　资本的～,86—98,150,197
　　～从宪法视角,190—192
　　消费支出的～,80—82,93—95
　　外国人的～,169
　　收入～,39,49,85,96—98,130—131
　　利息收入的～,94
　　一次性征税的～,34—35,57
　　通货膨胀中货币余额的～,113—121
　　～的性质,2
　　最优的～,14,57,67
　　工资～,49
　　财产～,196—198
　　道路使用者的～,144

　　增值的～,49,196
　　～财富(参见资本税)
Thaler,Richard,209,225 塞勒,理查德
Thompson,Earl,150,218,219,225 汤普森,厄尔
Thompson,Perronet,153 汤普森,佩罗内
Tiebout,Charles,172,219,225 蒂布特,查尔斯
time preference,时间偏好
　　利维坦的～,98—99
　　纳税人的～,102—103
timing,of expenditure,84 开支时机
Tinbergen,Jan,14,225 丁伯根,简
Tollison,Robert,xiii,210,222 托利森,罗伯特
Tower,Edward,126,217 托尔,爱德华
transactions costs,7 交易成本
Trenor,Donna,xiii 特雷诺,唐娜
Tuerck,David A.,218,225 图尔克,大卫 A.
Tullock,Gordon,xiii,208,209,210,211,217,219,222,225 图洛克,戈登

Uhimchuk,George,xiii 乌希姆楚克,乔治
unanimity 一致同意
　　～作为基准,6
　　在财政选择中～,154
uniformity 一致性

在开支方面的～,161
在对商品征税的税率方面的～,65—68
在对个人征税的税率方面～,46,68—69
在税种方面的～,156
在对商品征税方面的～,56
veil of ignorance,3,11,13,31 无知之幕
～与约束,33
Virginia school,4 弗吉尼亚学派
voluntary exchange, see models of politics 自愿交换(参见政治模型)

Wagner,Richard E.,210,220,222 瓦格纳,理查德
Wallace,N.,216,225 华莱士,N.
Weaver,Carolyn,210,220,223 韦弗,卡罗琳
Wicksell,Knut,xii,6,37,154,155,202,208,225 维克塞尔,克努特

Zelenitz,Allan,219,222 泽列尼兹,艾伦
Zis,George,217 吉斯,乔治

图书在版编目（CIP）数据

征税的权力：财政制度的分析基础 /（澳）杰佛瑞·布伦南，（美）詹姆斯·M.布坎南著；武黄岗译.
北京：商务印书馆，2025. --（财政学名著丛书）.
ISBN 978-7-100-20762-1

Ⅰ. F810.2

中国国家版本馆CIP数据核字第2024T83U50号

权利保留，侵权必究。

财政学名著丛书
征税的权力
财政制度的分析基础
〔澳〕杰佛瑞·布伦南
〔美〕詹姆斯·M.布坎南　著
武黄岗　译

商务印书馆出版
（北京王府井大街36号　邮政编码100710）
商务印书馆发行
北京市十月印刷有限公司印刷
ISBN 978-7-100-20762-1

2025年3月第1版　开本 850×1168　1/32
2025年3月北京第1次印刷　印张 8½
定价：66.00元